陽也니 然則 其性이 怕風故로 先送龍虎하여 以防其風이요 其氣가 怕水故로 先分八字하여 以界其水라 氣는 從中聚結하고 又從下合之意故로 氣不漏焉이라 是故로 上分者는 八坤地之의 坤儀也요 下合者는 一乾天之의 乾儀也라 先陰後陽之理가 分明于此하고 極陽生하고 陽極陰之理가 昭然在此니라 穴法은 雖然이나 各家規模가 亦有異稱일세 故로 或曰 乘金相水穴土印木이라하고 或曰 上枕毬簷이며 下對合襟이라하며 或曰 後倚 前親이라하고 臨合腳이라하며 或曰 帶褥帶雜이라하니 其言이 雖殊나 其理는 一也라 何用更看煩雜이리요 精氣聚處則은 輝翼燕翼

大天命

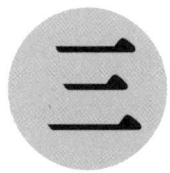

千二百年前 道詵大師와
弟子인 一指大師의 眞訣

編著 : 門無仙師

도서
출판 三天

目次

序文 1

第一篇　雙山五行法

第一章 7

一、山의 行步 9
二、吉凶 10
三、同姓引力 作用 11
四、作血處 11
五、順水局과 逆水局 12
六、水口 12
七、發伏設 13
八、葬法 14

- 九、三吉六受 ··· 14
- 十、過峽의 强弱 ··· 15
- 十一、養屍穴 ··· 16
- 十二、天子之地 ··· 16
- 十三、龍細와 形局 ··· 17
- 十四、行龍의 秩序 ··· 18
- 十五、子方水 ··· 19
- 十六、購穴 ··· 19
- 十七、四神八將 ··· 20
- 十八、朝子孫三朝 ··· 20
- 十九、星峯靈氣熟頭入首 ··· 21
- 二十、倒杖歌 ··· 23
- 二十一、穴之物形 ··· 24
- 二十二、砂角風向 ··· 26
- 二十三、穴의 土色과 形砂論 ··· 30
- 二十四、旗山 ··· 33
- 二十五、鳳頂 ··· 33

二十六、蛾眉 ·· 34
二十七、鏡臺 ·· 34
二十八、金盤은 한 마디로 천하대지(天下大地)이다。 ·· 35

第二章

一、守勢 ·· 37
二、得破論 ·· 38
三、人道行龍四强交媾之理　極富貴 ·· 39
四、當代大將之地 ·· 39
五、出將相大貴之地 ·· 40
六、養子富貴之地 ·· 41
七、到星戊巳坐長孫絶亡枝孫大昌出科甲 ·· 41
八、出堂代大將之地 ·· 42
九、論 桃花水看法 42
十、破殺 ·· 43

第三章 論 玉龍子踏山歌

一、論 玉龍子踏山歌 ································ 45
二、論 養子墓發福 ································ 47
三、論 卜舊墳法 ································ 47
四、日月道行龍四順交媾之理 極富貴 ································ 51

第四章 出 王妃將相天德月空之理

一、出 王妃將相天德月空之理 ································ 53
二、今時發福之地 ································ 55

第五章 雙行二十四 通脈

一、左旋回局六節通脈 ································ 57
二、右旋回局六節通脈 ································ 57
三、雙行六節通脈 ································ 58
四、合龍雙龍回局六節通脈 ································ 58

五、向上胞胎法 ································· 59
六、生龍四坐無后之地通脈 ······················ 60
七、吉星所照方 ································· 60

第六章 四到星法 萬代榮華之地

一、萬代榮華之地 ······························· 61
二、百子千孫之地 ······························· 61
三、出 天子之地 雙行 ··························· 62
四、出 大聖人之地 雙行 ························· 62
五、出 諸侯之地 雙行 ··························· 63
六、左旋四節通脈 ······························· 63
七、左旋六節通脈 ······························· 64
八、左旋八節通脈 ······························· 64
九、左旋十節通脈 ······························· 65
十、左旋二十二節通脈 ··························· 65
十一、左旋羊積德龍出貴人將相 ··················· 66

十二、右旋四節通脈 ·· 67
十三、右旋六節通脈 ·· 67
十四、右旋八節通脈 ·· 68
十五、右旋十節通脈 ·· 68
十六、右旋十二節通脈 ·· 69
十七、右旋二十二節通脈 ·· 69
十八、右旋羊積德龍出貴人將相 ·· 70
十九、左旋回局六節通脈 ·· 70
二十、右旋面局六節通脈 ·· 71
二十一、雙行六節通脈 ·· 71
二十二、合龍雙龍面局六節通脈 ·· 72
二十三、合龍十節通脈 ·· 73
二十四、合龍剝換二十二節通脈 ·· 74

第七章 凶殺局과 古骨徑

一、枯骨徑 ·· 75

一、月亡 ·· 75
二、年亡 ·· 76
三、重喪日 ·· 77
四、殺人局 ·· 78
五、滅門坐(亡人의 命) ·· 78
六、忌坐法〈기좌법〉··· 79
七、入首下穴處法 ·· 79
八、逃尸穴法 ·· 80
九、葬穴深法 ·· 81
十、黃泉坐 ·· 82
十一、雙金殺 ·· 82
十二、無后坐 ·· 82
十三、雙劍殺 ·· 83
十四、太白殺 ·· 83
十五、入墓殺 ·· 84
十六、白虎殺 ·· 84
十七、沐浴坐(桃花殺) ··· 85

Ⅶ・대천명

十八、元辰殺 ································· 85
十九、黃泉水(忌去水) ······················ 86
二十、八曜水(得破를 皆忌) ················ 86
二十一、分金法 ································· 87
二十二、殺人・屠宰局 ························ 87
二十三、風法(풍법) ··························· 88
二十四、四胎到星法長孫絶亡 戊己殺 ···· 88
二十五、坐三殺 ································· 89
二十六、舊山生旺方二十四坐 ··············· 89
二十七、四正坐法 ······························ 90
二十八、入首定坐法 ··························· 91
二十九、生屍와 消骨法 ······················· 92
三十、論 墓內蛇와 蛛入法 ·················· 92

第八章 二十四龍解說
一、乾龍 ·· 95

二、亥龍	96
三、壬龍	97
四、坎龍	97
五、癸龍	98
六、丑龍	99
七、艮龍	99
八、寅龍	100
九、甲龍	101
十、震龍	101
十一、乙龍	102
十二、辰龍	103
十三、巽龍	104
十四、巳龍	105
十五、丙龍	106
十六、離龍	107
十七、丁龍	108
十八、未龍	109

十九、坤龍 ······ 109
二十、申龍 ····· 110
二十一、庚龍 ···· 111
二十二、兌龍 ···· 112
二十三、辛龍 ···· 113
二十四、戌龍 ···· 114
二十五、砂格 ···· 116
二十六、納音五行 · 117

第九章 生死龍穴法

一、向上胞胎法(手掌圖로 水口보는 法) ··· 120
二、艮寅坐水口法 ··· 121
三、取土吉方 ··· 122
四、眞太陰定局 ··· 122
五、動塚運 ··· 125

第十章 擇日法 및 공통적 部門

- 一、安葬・修墓 破墓法 ······················· 127
- 二、動土吉日 ······························· 128
- 三、天上天下 大空亡日(破屋・動土、賣買・祭祀) ··· 129
- 四、母倉上吉日(집、창고짓고 百事吉) ··········· 129
- 五、天地皆空日 ····························· 129
- 六、四時凶神(四廢－백사흉) ··················· 130
- 七、天下滅亡日 ····························· 130
- 八、祈福吉日 ······························· 130
- 九、佛供吉日 ······························· 131
- 十、山祭吉日 ······························· 131
- 十一、祭水神日 ····························· 132
- 十二、地神下降日 ··························· 132
- 十三、百忌日 ······························· 132
- 十四、伐木日 ······························· 135
- 十五、 ···································· 136
- 十六、 ···································· 136

XI・대천명

十七、八卦 만드는 法 ········· 137
十八、生氣福德 ············· 138
十九、八卦 ················ 139

第十一章 萬年圖

一、萬年圖 ················ 141
二、正沖・旬沖 ············· 154
三、不淨經 ················ 155
四、重喪日眞壓法부적 ········· 155
五、用吉時法 ··············· 156

第十二章 喪禮名祝式

一、祝文儀式(축문의식) ········ 157
二、訃告(부고) 祖母式(조모식) ··· 158
三、訃告(부고) 父親式(부친상) ··· 158
四、訃告(부고) 母親式(모친상) ··· 159

五、訃告(부고) 妻喪(처상) ································· 159
六、訃告(부고) 子喪(자상) ································· 159
七、破墓山神祝(파묘산신축) ······························ 160
八、成墳平土山神祝(성분평토산신축) ··················· 161
九、葬後反魂祝(장후반괴축) ······························ 161
十、石物立石祝(석물입석축) ······························ 162
十一、石物山神祝(석물산신축) ··························· 163

第十三章 東西四宅

一、東西四宅 ··· 165
二、門路吉方 ··· 166
三、造門吉日 ··· 169
四、成造 四角法 ·· 170
五、成造三殺法 ·· 171
六、移徙 亡 ··· 172
七、移徙卽死 ··· 172

八、移徙運 ··· 172
九、東西四宅吉凶法
〈成造九宮坐法〉
一、九星名(구성명) ·· 173
二、九星吉凶解說(구성길흉해설) ····································· 175

第二篇 秘傳 九宮法

第一章 風水地理 九宮法 ··· 179

一、祖子孫山法(조자손산법) ·· 181
二、二十四山穴處高低(이십사산혈처고저) ······················ 181
三、入首定穴法洪範(입수정혈법홍범) ····························· 182
四、五穴分別(오혈분별) ·· 183
五、同氣(동기) ··· 183

第二章

一、二十四方位圖 안에 있는 八卦의 내용 ·········· 185
二、二十四 形體政曜 不用 ························· 186
三、吉凶砂 ······································ 189
四、其他凶局(기타흉국) ··························· 191
五、舊山動塚運(사초 석물 이장) ··················· 192
六、沖砂論(충사론) ······························· 193
七、砂驗詩訣(사험시결) ··························· 196
八、天星吉凶得破論(천성길흉득파론) ··············· 197
九、論 九星紫岳卦 ································ 199
十、九星配列 ····································· 200
十一、吉砂(길사) ································· 203
十二、又吉砂(우길사) ····························· 204

第三章

一、赦文水(사문수) ······························· 207

第四章

一、龍脈栽穴論 (용맥재혈론) 211
二、左旋 (좌선) 214

第五章 二十四山 尋龍入首一節 得破

一、右旋 215
二、左旋 216
三、右旋 216
四、左旋 217
五、右旋 217

二、陽坐山 (양좌산) 207
三、陰坐山 (음좌산) 208
四、二十四山 濂法 (이십사산 렴법) 208
五、收山 出水 (수산 출수) 209
六、本星年月日時 (본성년월일시) 210

第六章

一、朝案論（조안론） 219
二、水勢論（수세론） 220
三、地運妙用論（지운묘용론） 222
四、岩石吉凶論（암석길흉론） 222
五、殺人局 223
六、滅門坐 224
七、滅亡局 224
八、雙金殺 224
九、裡殺 225
十、黃泉坐 225
十一、暗金殺（子孫敗家） 225
十二、化命七殺（一葬九死） 225

第三篇 形體論과 用語

第一章 形體論과 用語 ······ 227

第二章
一、窩鉗乳突의 四象과 形體圖 七十四 論 ······ 265
二、窩象 ······ 266
三、鉗象 ······ 266
四、乳象 ······ 267
五、突象 ······ 267

序文

대저 地理學(지리학)의 始初年代(시초년대)와 그 主創者(주창자)는 未詳(미상)이나 약 二千餘年前(이천여년전) 秦皇古事(진황고사)때 부터 전해 오나 그 前(전)은 未知(미지)나 秦皇時(진황시)에 他族(타족)이 山之靈氣(산지령기)를 받지 못하게 하니 果然(과연) 當時(당시)에도 地理學(지리학)을 崇從(숭종)한듯 하다.

余(여)는 十餘歲(십여세)에 入山爲僧(입산위승)으로 從師隨學(종사수학)하여 欺學(기학)에 感染(감염)되서 時登高山(시등고산)하고 觀望四方(관망사방)하니 綠水(록수)는 千絲(천사)요 山脈(산맥)은 萬繡(만수)라 自與(자여)에 陶醉(도취)되서 山理之氣(산리지기)와 地形之勢(지형지세)를 過目難堪(과목난감)이라 鳥之將息(조지장식)에도 必澤其林(필택기림)이어든 人之居處(인지거처)에 豈不擇地(기불택지)리요 鳥之擇林(조지택림)에 其止也安(기지야안)이요 人之卜地(인지복지)에 幸福(행복) 自知(자지)라 或者云(혹자운)하대 慈母(자모)도 不能保生前之子(불능보생전지자)어든 死後枯骨(사후고골)이 是(시)는 安能保子孫(안능보자손)가 求山爲親(구산위친)은 徒在孝心(도재효심) 而耳(이이)라 하니 是(시)는 天文(천문) 地理(지리)의 不解不測地理(불해불측지리)라 我佛世尊(아불세존)이 云(운)하사대 世法(세법)이 不可思議(불가사의)요 不可形言(불가형언)이라 有情(유정) 無情(무정)이 悉皆成佛(실개성불)이요 土木瓦石(토목와석)도 共成佛道(공성불도)요 天地(천지)가 與我同根(여아동근)이라 하시니 其意(기의)가 難信難解(난신난해)라 有情(유정)은 有情動物(유정동물)이라 可爲成佛(가위성불)이나 無情(무정)은 無情土石(무정토석)일세 豈能成佛(기능성불)이리요 模糊此理(모호차리)로다.

然而(연이)나 老子(노자)가 云(운)하사대 元亨利貞(원형이정)은 乾之德也(건지덕야)라 始於一氣(시어일기)라하니 一氣未發之前(일기미발지전)은 混然無極(혼연무극)이니 無極(무극)이 一動(일동)에 生太極(생태극)하고 太極(태극)이 生陰陽兩儀(생음양양의)하고 兩儀(양의)가 生四象五行(생사상오행)이라 於時(어시)에 五行(오행)이 各成萬物(각성만물)하니 由此觀之(유차관지)하면 無極(무극)이 一發(일발)이 卽(즉) 萬物(만물)이요 萬物(만물)이 本乎無極(본호무극)이라 然則(연즉) 唯心(유심)과 唯物(유물)이 本是同源(본시동원)이요 根本(근본)이 同根(동근)이라 故(고)로 佛(불)이 云(운)하사대 有情人(유정인)과 無情(무정) 瓦石(와석)이 共成佛道(공성불도)라 하시고 與我同根(여아동근)이라하셨다.

孟子(맹자) 말씀에 「하늘이 주는 災殃(재앙)은 오히려 면할 수 있으나, 사람이 저지른 災殃(재앙)은 가히 면하지 못한다」 하였다.

古代(고대) 聖人(성인)이 河圖(하도)·洛書(낙서)로서 九宮八卦(구궁팔괘)를 설정하고 六十甲子(육십갑자)를 創制(창제)하므로 인하여, 이후부터 哲人達士(철인달사)들이 吉凶神(길흉신)을 명시하고, 凶(흉)한 것은 피하고, 吉(길)한 것을 취하는 방법을 著論(저논)하였으니 지금까지 많은 册子(책자)가 전해지고 있는 것이다.

특히 擇日法(택일법)에는 天機大要(천기대요) 協吉通議(협길통의) 및 그 밖의 여러 書籍(서적)이 있으나, 本(본) 「擇日全書(택일전서)」는 天機大要(천기대요)의 眞髓(진수)를 가려 뽑고, 그 외의 관련 册子(책자)를 網羅(망라)하여 참고하였다.

뿐만아니라 千二百年前(천이백년전) 道詵大師(도선대사)의 眞訣(진결) 및 一指大師(일지대사)의 입수론과 舞鶴大師(무학대사)의 眞傳(진전)인 斗數要諦(두수요체)에 기록된 것과 九宮法(구궁법)도 까지도 添附(첨부)하여 상세히 보충하였고, 또 알기 쉽게 풀이하였다.

이에 本人(본인)은 墓(묘)를 쓰면 9할이 殺(살)이 낀다라고 천명한 바 있다. 墓(묘)를 제대로 쓰지 못 할바에는 차라리 火葬(화장)하여 山川(산천)에 뿌리는 것이 났다라고 본다.

初步者(초보자)도 이 한 권으로 자신의 陰陽宅(음양택)을 헤아려 볼 수 있도록 하였다.

아울러 風水地理에 관심이 있고 風水地理를 하는 분들에게 이정표가 되길 바란다. 남의 墓(묘)를 잘 써주어야 나도 잘 될 것이 아닌가?

끝으로 이 册子(책자)를 出刊(출간)하는데 있어 물심양면으로 협조해 주신 분

4 • 대천명

들께 심심한 謝意(사의)를 表(표)하는 바이며 자료를 제공해 주시고 헤아리게 해 주신 潘元祿大師(반원록대사)님께 감사 드린다.

第一篇 雙山五行法

第一章

玉龍子、道詵國師의 風水秘訣

서기 827년 新羅(신라) 42대 興德王(흥덕왕) 2년에 全南(전남) 靈岩(영암) 땅 구림에서 王孫(왕손)으로 태어나 天地間의 인연으로 山을 헤메다가 스승 혜철 선사로부터 도를 전수 받아 마침내 高麗(고려)를 王建(왕건)으로부터 세우게 하고 天下大國師에 이르게 된다.

一、 山의 行步

原理(원리)에 있어서 陰(음)과 陽(양)의 이기(二氣)가 합하여 하나로 배합되면서 태극이 형성되었으니 이것이 지구가 창조된 철학적 뿌리인 것이다. 여기에서

理氣와 玄氣는 스스로 생긴 것이 아니라 어디까지나 우주의 法道에 따라 조화를 이루어 地球(지구)라는 또 하나의 작품을 탄생시킨 것이다. 이것이 바로 이(理)와 기(氣) 또는 현기(玄氣)인 것임을 먼저 밝혀두고자 한다.

이로 말미암아 체(體)와 용(龍)이 만들어지고 다시 만물의 形相(형상)이 만들어지게 된 것이며, 땅에도 조자손(祖子孫)의 기(氣)를 흐르게 하여 곧 동기 감응이 되게 하였으니 이에 더 이상의 이견이 있을 수 없는 것이다.

二、 吉凶

삼라만상은 모두가 상대적이어서 길과 흉이 항상 존재한다. 그러므로 또한 생(生)과 멸(滅)、 吉(길)과 凶(흉)이 존재하며 아름다움과 흉악함 또한 존재한다.

이에 산수도 명랑하고 수려해야 하며 거침과 험상궂은 것은 피해야 한다.

三、同姓引力 作用

명심보감에 이르기를, 믿지 못하면 처마 밑에 떨어지는 낙수를 관찰해 보라 하였다. 처마 밑에서 떨어지는 낙수가 한 방울 한 방울 어디로 가는가. 모두 한 군데로만 떨어진다. 이와 같이 부모의 유해를 상서로운 기운이 응결된 곳에 잘 모시면 그 혼령과 체백은 곧 후손에게 좋은 영향을 주게 된다.

四、作血處

수중낙자(水中落者)

이는 대체적으로 강까 또는 저수지 바닷가 작은 섬에 해당하는 곳이다. 이때에는 대개 큰 바위나 돌이 나와 있으므로 잘 관찰해야 한다. 한 마디로 살아있을 적에 기골이 라 하는데 이곳은 함부로 들어가는 곳이 못된다. 이 장대 했다거나 신을 섬겼거나 신(神)의 허락을 받고 들어가지 아니하고서 들어

가게 되면 후손이 부지하지 못한다. 고로 신중을 기해야 한다.

五、順水局과 逆水局

순수국은 산이 내려가는 방향으로 물도 따라 내려간 것이며 역수국은 산이 향하는 반대 향에서 내려오는 물이다. 순수보다는 역수를 향함이 발복이 다소 빠르며 기가 강하니 후손에게 미치는 영향이 크다고 하겠다. 비룡(飛龍), 용마(龍馬), 비응(飛應), 비학(飛鶴), 화산(火山)같은 곳에 역수국이 생긴다.

六、水口

수구에 있어서 사람들은 여러 겹이 있어야만 좋다고 하나 그것은 큰 이치에 맞지 않는 말이다. 굳이 그러하다면 태초에 잘못 만들어 놓았다는 말과 다를 바가 없게 되기 때문이다. 예를들면 각 나라의 수도에 여러 개의 강을 만들어 놓아야 했다. 그러니 구태여 겹겹의 물을 찾을 필요는 없다. 산이 섰다고 다 산이 아니요, 물이 흐른다고 다 물이 아니듯 찾은 혈과 일치하는 물이면 더할 나위 없는 것이다.

물이 있으므로 기가 발생된다. 하지만 우선 산이 이치에 맞게 생기고 거기에 물이 힘을 더해 주어야 길지가 되는 것이다. 대체적으로 길지에는 좋은 물이 있는 법이다. 또한 오는 물이 길하면 가는 물도 길하고, 가는 물이 흉하면 처음은 길하고 끝에 가서는 흉할 것이다. 오는 물이 흉하고 가는 물이 길하면 처음에는 흉하고 나중에 길하다. 가는 물 다 유순하면 주인이 효순할 것이며, 오가는 물이 거칠면 역시 매사에 역행자가 생긴다.

七、 發伏設

거리의 장단에 있어서 조산(祖山)이 멀면 발복이 더디고 가까우면 발복이 속하다고 했다. 그러나 거리가 멀면 발복의 기간 또한 길며 거리가 가까우면 발복의 기간도 짧다는 것을 알아야 한다.

八、葬法

음으로 왔으면 양으로 받고 양으로 왔으면 음으로 받아야 한다고 하였으니 뱀의 허리처럼 가늘게 왔으면 뱀의 머리처럼 넓게 받아야 하고, 뱀의 머리처럼 넓게 왔으면 뱀의 목처럼 가늘게 받아야 한다.

九、三吉六受

삼길육수란 진경해(震庚亥)와 간병손신태정(艮丙巽辛兌丁)인 구방위(九方位)를 말함으로 이는 대체적으로 귀한 용으로 친다 하지만 이 때에도 마음을 놓아서는 안

된다. 여기에도 용의 혈(穴) 전(前)의 상황에 따라 변하니 주변을 살펴야 한다.

十、過峽의 强弱

과협에는 초협, 2협, 3협 등 여럿이 있을 수 있다. 대간맥이 아닌데 과협을 놓아 조금 느려졌다가 다시 과협을 놓아 크게 기운을 늦추면 도리어 힘이 약해질 것이다. 대간맥이 아닌데 행동하면서 여러 차례 끊기는 듯 줄여지면 너무 약화되므로 2~3차 과협이 적당하다.

과협처는 보내고 영접하는 영송사(迎送砂)기 오는 팔자(八字) 가는 팔자(八字) 확실하고, 이것으로 인하여 혈처의 정경을 판난한다. 과협에서 좌우가 넓고 허허하면, 혈국이 긴하게 이를 수 없으니 협이란 물을 끼고 짜였다는 뜻으로 반드시 앞에 간 사격(砂格)이 싸고 달려들며 뒷 사격을 환영하듯 활개를 펴서 옹위하여 바람을 막고 팔자수가 몸을 끼고 흘러 생한 연후에 참된 혈이 맺어져 과협이 길고 넓직하여 가깝게 껴안은 사격이 없으면 생기가 흩어져 혈이 길하지 못할 것이다.

또한 과협한 후에 머리가 다시 일어나면 가까운 데에 혈이 있을 징조이며 서서히 일어났으면 멀리 맺느니라.

十一. 養屍穴

일설에 양시혈에는 전후좌우의 산이 높아 압박하면 시체가 썩지 않는다고 하나 아주 작은 玄武(현무)에도 양시혈은 있으니 주의 할 일이다.

十二. 天子之地

일월한문(日月悍門)에 대치하고 북진수구(北辰水口)가 앞에 당중(當中)하여 팔구중(八九中)에 싸이고 큰 바위로 되거나 산의 형상이 마치 사자, 호랑이, 용, 용마, 곰, 코끼리, 거북이, 봉황 등과 같아 보이며 주변 국내에 있으면 천자지지라

할 수 있다. 이것 또한 어디로 머리를 두었는지 잘 살펴야 한다. 祖山의 形體에 따라 좌우 되기도 한다.

十三、 龍細와 形局

산의 작국이 길하고 혈의 형성이 흉한 것을 외길로 한 가지만 말할 수 없는 것이니 용이나 거북의 혈은 모두 현창(顯昌)하고 창하나 쥐꼬리 혈은 한 번 패하면 다시 재기 불능이란 말이다. 세가 흥하나 혈형이 훌륭하면 오히려 복을 바랄 수 있다. 높은 산등성이에는 바람을 두려워하고 평야에서는 수법과 산세가 중요하다. 오는 것이 있어도 합하지 못하면 허리와 허명 뿐이요, 앞에서 친하게 맺고 뒤에서 다정하게 옹위하면 금옥을 쌓고 살며, 산이 혈에 대하여 바르게 조응하지 못하고 배반하면 역시 배신자가 생긴다.

十四、 行龍의 秩序

행용(行龍)의 氣(기)가 휴식하였다가 다시 일어나면 모두 발복할 것이다. 용맥이 경직하고 구부러지지 않으면 모두 재앙을 부르는 것이다. 행용의 세가 내려오는 데에는 반드시 차례가 있고 윤리가 있고 局(국)을 짓는 데에는 반드시 氣(기)가 정지하여 모여든 곳이어야 한다.

용을 찾는 법은 보통으로 믿믿하게 내려오는 것을 귀하게 보지 않으며, 윤기 있고 힘이 있게 내려온 것은 귀하게 보며 가까이에서 온 용보다는 멀리서 길게 온 용을 더욱 귀하게 여긴다.

여기에 직관적으로 나타내 보이는 것보다는 은은히 암시하는 것이 귀하고, 용은 반드시 모여들어야 하고 질서가 있게 모여들어야 진혈(眞穴)이 된다.

十五、子方水

자방수가 조회(朝會)하면 음란한 일이 자주 생기고 어깨 쪽이나 뒤에서 부는 바람은 요풍이나 똑같고 항기(降旗)나 파기(破旗), 적기(賊旗) 중에는 흉기(凶器)도 있으니 자세히 관찰해야 한다. 넓고 평평한 언덕 위에 온전한 정기가 없다.

十六、購穴

혈을 찾음에 있어서 난산에서는 구하지 말 것이며 파강(破岡) 중에서도 구하지 말 것이며, 독룡 또한 잘 헤아려 구해야 하며 산의 가지나 다리가 날아가듯 미그러지듯이 하면 중도에 어긋남이 많으며 형벌을 받을 일이 생기고 기가 움추려 들었거나 머리를 휘어 감추고 있으면 큰 형벌을 면하지 못한다. 좌우 청룡 백호가 응시하면 형제간에 큰 다툼이 잦아진다. 혈전에 깊은 골짜기나 긴 골짜기가 보이면 살기가 생기며 재복과 인물이 쇠해진다. 안산과 주변의 모양이 마치 동물이 죽어 늘어진 것처럼 보이면 객사를 면치 못하게 된다.

十七、 四神八將

사신팔장이란 건곤간손(乾坤艮巽)과 갑경병임을신정계(甲庚丙壬乙辛丁癸)를 말하므로 이런 곳이란 말 자체로서 그런 곳이 있다는 것이지 朝鮮八道(조선팔도) 몇군데나 있겠는가. 만약 하늘의 뜻으로 득한다면 천하를 주름잡는 제갈량이나 김유신에 버금가는 인물이 날 것이다.

十八、 朝子孫三朝

제일 조종태조산(第一祖宗太祖山)이 하늘 구름에 꿰어서서 천지만엽(千枝萬葉) 흩어가니 만마가 달리는 듯 기러기가 평사(平砂)에 내리는 듯 용이 구름에 날아오르는 듯 대장과 군졸이 행군하여 가는 듯 단봉(丹鳳)이 강남 땅에 내리는 듯 버들가지 바람에 말리는 듯 천갈래로 가는 형용(形容)을 낱낱이 말할 수 있을까.

태조산에서 갈려 나와 갈 지자, 검을 현자를 굴곡하다가 과협놓고 기봉하니 이것이 소조산이요 소조산하(小祖山下)에 제일봉에 우뚝하니 이것이 자봉(子峯)이요. 자봉하여 또한 보잉 놓았으니 이것이 손자봉(孫子峯)이로다 이에 마디마디 기복박만(起伏剝挽)이라 하고 태식잉육(胎息孕育)이라 하고 주사마제(蛛絲馬蹄)라 하나 모두 다 한 이치로다.

十九、星峯靈氣熟頭入首

도국이 넓어서 분별하기 어렵거든 四方(사방)을 둘러보니 정신(情神)하나 으뜸이라.

모든 방초 푸른 가운데 백로(白鷺) 하나 정신이요. 닭 무리 가운데 학 한 마리가 정신이요. 버들가지 천 가닥 흐트러진 데 꾀꼬리 한 마리가 정신이요. 남아

모인 가운데 미색(美色) 하나가 정신이요. 어린 아이 가운데 유모 하나가 정신이요. 만경 창파 위에 배돛대 하나가 정신이요. 맥 하나가 정신이요. 봉 하나가 정신이니 어두 침침한 야삼경에 등불 하나 정신이요. 맥 하나가 정신이요. 봉 하나가 정신이니 어두 침침한 야삼경에 등불 하나 없는 데에서 찾아보고 만두가 머리숙여 엎었거든 아래에서 찾아보세. 전후좌우 사신(四神)에 일봉(日峯), 일용(一龍), 일호(一虎), 일주(一主), 「산」하면 一代요, 둘 하면 二代요, 삼 하면 三代요, 사 하면 四代요, 오 하면 五代가 이루어 뜻을 받는다.

만약에 사신팔장이 삼천분대(三千粉袋), 팔백연화(八百蓮火)와 같다면 어이 재상지 아니더냐!!

와겸유돌 되었으면 와겸은 넓게 파고 유돌은 깊게 파라.

釐之差一枝萬散(이라 하였으니 맥기가 드러나면 얇게 파고 맥기가 감추어 있으면 깊이 파야 하느니라.

호리지차 일지만산(毫釐之差 一枝萬散)이라 하였으니 맥기가 얇어 바닥이 얇거든 일 이 척에 천광(穿壙)하고 맥기가 평후하면 한질 넘게 천광하고 산중평맥(山中平脈)이 좌우가 들추어졌거든 보토하고 써도 되고, 평야에 관 묻기 어렵거든 객토 부워써도 되고, 원기(元氣) 친 곳에 물 나거든 숯 묻고 써도 되네. 맥기에는 수화불범(水火不犯)이라 깊이

팔 데를 엷게 파면 건수(乾水), 화염(火炎) 어찌하리. 엷게 팔 데 깊이 파면 수만광중(水萬壙中)어이하리.

용(龍)은 집이 되어 혈을 짓고 혈은 여자 되어 정거(正居)로다. 혈은 더욱 깊이 숨어 불현(不現)하고 모두 중심에 있으니 천심(天心)이로다.

二十、 倒杖歌

돌(石)은 산의 골(骨)이요, 흙은 산의 육(肉)이요, 물은 산의 피(血)요, 맥은 땅의 힘줄이요, 초목은 산의 모발이로다.

결인(結咽)은 식(息)이요, 만두(巒頭)요 잉(孕)이요 혈처(穴處)는 육(育)이니 이게 당국(當局)이로다.

二十一、穴之物形

금성(金星)아래 새물형이요.

목성아래 인물(人物) 짓고, 수성(水星)아래 용사(龍蛇)짓고 토성(土星)아래 짐승 물 형이라.

둔군만마기고(屯軍萬馬旗鼓)를 벌였으니 장군대좌(將軍對坐)아니던가.

거문고를 벌렸으니 선인무수(仙人舞袖)아닌가.

금비녀 분통 명경이 앞에 있으니 옥녀단좌(玉女端坐) 천정(天井)을 벌렸으니 선녀세의(仙女洗衣) 아니던가.

죽순오동(竹筍梧桐)을 벌렸으니 비봉귀소(飛鳳歸巢) 아니던가.

전수(前水)가 용신(用神)되니 평사낙안(平沙落雁)이 아니던가.

부시체(浮屍體)를 벌렸으니 분분비조(紛紛飛鳥) 아니던가.

오공체(蜈蚣體)를 놓았으니 금계고익(金鷄叩翼) 아니던가.

주위에 난(卵)을 놓았으니 금계포란(金鷄抱卵) 아니던가.

통통하면 오리요, 첨원(尖圓)하면 연자로다.

우각(雨脚)이 앞에 있으니 비룡행우(飛龍行雨) 아니던가.
무족굴곡(無足屈曲)하였으니 생사출초(生蛇出草) 아니던가.
운무체(雲霧體)를 벌렸으니 반룡허주(盤龍虛珠) 아니던가.
불외풍불외수(不畏風不畏水) 달아나니 창룡출운(蒼龍出雲) 아니던가.
사혜사혜 상집(相集)하고 조혜조혜(鳥兮鳥兮) 상집이라.
사혜사혜(蛇兮蛇兮)를 벌렸으니 주장봉망(走獐峯網) 아니던가.
장지사(長支砂)가 앞에 있으니 복사형(伏獅形) 아니던가.
서체(鼠體)가 앞에 있으니 복묘농서(伏猫弄鼠) 아니던가.
혈재비간(穴在鼻間) 하였으니 황우도강(黃牛渡江) 아니던가.
혈이 뒷발에 젖으니 (穴在後足) 상산우(上山牛) 아니던가.
혈이 무릎에 젖으니 행우망초(行牛望草) 아니던가.
앞이 높고 뒤가 낮으니 주마입란(朱馬入欄) 아닌가.
부벽횡량(埠壁橫樑) 되었으니 연소형(燕巢形) 아닌가.
목성(木星) 아래 연화장(蓮花帳) 벌렸으니 연화출수(蓮花出水) 아닌가.
제좌장(齊座帳) 벌렸으니 상제봉조(上帝奉朝) 아니던가.

二十二、砂角風向

사각이 비둔하면 부가 따르고
봉만(峰巒)이 첩첩하니 청귀인(靑貴人)이 나고
병정봉(丙丁峯)이 고수(高秀)하니 人材(인재)가 나는구나
건해봉(乾亥峯)이 병수(竝秀)하면 발복장원(發福長遠) 아니던가
천제사(天梯砂)가 앞에 있으니 재상(宰相)이 나는구나.
석모철모(石帽鐵帽) 되었으니 대장(大將)이 나는구나.
화성장(火星帳) 벌렸으니 불국(佛局) 아니던가.
운수장(雲水帳) 벌렸으니 운중반월(雲中半月) 아니던가.
수토장(水土帳) 벌렸으니 금오하산(金烏下山) 아니던가.
어병장(御屛帳) 벌렸으니 미인단좌(美人端坐) 아니던가.
장천수장(張天水帳) 벌렸으니 비룡상천(飛龍上天) 아니던가.

아미사(蛾眉砂)가 앞에 있으니 왕비(王妃)가 나는구나.

첨원봉(尖園峯)이 향상(向上) 되었으니 세학사(世學士)가 나는구나.

악석(惡石)이 줄줄하니 대풍창질(大風瘡疾) 나 환과 실성인 나는구나.

백골안녕(白骨安寧) 되는 땅은 장풍피살(藏風避殺) 아닌가.

안산(案山) 위에 소조(少組) 명산(明山)이 넘어보니 박물군자(博物君子) 나는구나.

명당(明堂) 앞에 벌린 돌이 뗴기뗴기(片片) 단묘(端竗)하게 생긴 돌(石)이 퍼 있으니 상위에 그릇 놓인 형상이구나.

혈후(穴後)에 거북돌은 좋은 벼슬 나는구나.

자오방(子午方)의 규산(窺山)은 봉적(逢賊)이라.

건해방(乾亥方)의 규봉은 더욱 싫구나. 신부소경 어이하리.

경태봉(庚兌峯)이 저두(低頭)하니 자손이 四方(사방)으로 흩어지고

청룡백호 서로 가슴을 치니 청산 과부 나는구나.

안산에 샘물이 쉬지 않고 모이니 자손의 눈물이 아니랴.

안산이 분잡하니 박처자손 나는구나.

넘어오는 급한 길은 적환(賊患)을 어이하리.

세산세수세사(細山細水細砂)가 사방(巳方)으로 들어오니
광풍사렴(狂風蛇簾)이 광중(壙中)에 무수하구나.
헌화사(獻花砂)가 안산되면 풍운여자(風雲女子) 나는구나.
수구에 선교사(仙嬌砂)는 대대술사(代代術士) 나는구나.
좌우용과 안산이 단두되면 형장의 객이로다.
발검사(拔儉砂)가 안이되면 남의 칼에 죽어가고
타태사(墮胎砂)가 쌍병하면 옥중(玉中)이가 나는구나.
천평관(天平冠) 안산되면 삼공(三公)이요.
채봉필(采鳳筆)이 안산되면 한림(翰林)이로다.
삼태춘순(三台春筍)이 안산되면 공경대부(公卿大夫) 나는구나.
단조사(丹詔砂)가 안산되면 자칭황제(皇帝) 나는구나.
보검협(寶劍峽)에 어사(御史) 나고,
와우협(臥牛峽)에 거부(巨富)로다.
옥규사(玉圭砂)가 안이되면 백의정승(白衣政丞) 나는구나.
고축사(誥軸砂) 즉 풍측사가 안이되면 나무꾼도 과거한다.

일자문성(一字文星)이 안이되면 대대로 문사 나는구나.
사금대(四金帶)가 안이되면 명공거경(名公巨卿) 나는구나.
옥대금대(玉帶金帶)가 안이 되면 재상이 아니넌가.
수구(水口)에 나성(羅星)이 안이되면 대귀가 나느니라.
수구(水口)에 막혀 일월한문(日月悍門)되니 왕후지지(王后之地) 아니던가.
용호가 짧고 혈이 길면 패장군(敗將軍) 분주로다.
건갑(乾甲)과 곤을(坤乙)은 천지정위(天地定位)요,
건갑정해묘미(乾甲丁亥卯未)는 목국(木局)이라.
곤임을신자진(坤壬乙申子辰)은 수국(水局)이요,
손경계사유축(巽庚癸巳酉丑)은 금국이요,
간병신인오술(艮丙辛寅午戌)은 화국이다.
계유곤축오신(癸酉坤丑午申)과
갑곤신묘신술(甲坤辛卯辛戌)과 을경건진유해(乙庚乾辰酉亥)가
격팔육율(隔八六律) 천간(天干)은 천간자(天干字)와 상련(相連)하여
수장중(手掌中) 있어 상생(相生)하고 지지자(地之字)와

상통(相通)하여 주상 중에 있어 상생한다.

二十三、 穴의 土色과 形砂論

우선 좋은 토색은 뛰어난 혈처로 보아도 무방하다. 이것은 한 치 두 치를 차이에 두고 나타나기 때문이다. 한 치 두 치에서 혈처의 정확도가 좌우되기도 하기 때문이다. 한 치를 올려 파도 한 치를 내려 파도 한 치를 사이에 두고 돌이 나온다든가 물줄기가 터진다든가 하는 문제가 발생되기 때문이다. 이것이 바로 보통 사람의 안목과 천안(天眼)의 차이점이다.

만약 패철을 든 술사가 한 두 번 그런 과오를 저지른다면 당장 패철을 버려야 할 것이다. 이것은 한 마디로 술법 이전의 지기(地氣)를 판단하지 못한 것이기 때문이다.

이런 이치는 먼 곳에 화살을 당겼을 때 작은 차이점을 갖고 날아간 화살은 목적

지에서는 엄청난 차이점이 발생되기 때문이다. 이렇게 되었을 때는 이미 혈의 효능을 제대로 발휘할 수 없게 되는 것이며 좌향 또한 제대로 잡을 리가 없기 때문이다. 이런 작은 실수로 인해서 목근, 개미, 뱀, 쥐, 땅강아지 등 온갖 미물들이 찾아들어 후손에게 바로 영향을 미치기 때문이다. 여기에서 올바로 찾은 토색이라면 청, 황, 적, 백, 흑 5색이 있다. 광중을 팠을 때 이 5색을 겸비했으면 길지(吉地)라고 봐도 큰 무리는 아닐 것이다. 5방 즉 5행의 배치로써 동(東)인 목(木)은 청색(靑色)이요, 북(北)은 수(水)로써 흑색(黑色)이요, 남(南)은 화(火)로 적색(赤色)이요, 서(西)는 금(金)으로 백색(白色)이요, 중앙토(中央土)는 황색(黃色)이다. 이 오색이 뭉쳐진 곳이 곧 오방의 기운이 깃든 곳이라고 믿어도 되기 때문이다.

형세론에 있어서는 귀인(貴人)은 대체적으로 목성을 귀인이라 한다. 양자병립은 쌍귀인 삼립한 것은 삼태귀인(三台貴人)형이라 한다. 여기에 병장(兵將)이 있으면 더욱 귀인이라 한다.

태양태음(太陽太陰)은 금성이 둥글고 결함이 없이 마치 둥근해 모양을 이룰 때는 태양이라 하며, 반달처럼 생긴 것을 태음이라 한다. 장군형(將軍形)은 대체적으로 목(木)체를 장군이라 한다. 허나 목체 중에도 마치 장군 투구와 같은 가를 가리는 안목이 있어야 한다. 여기에는 도인의 방갓인지 무녀의 고깔인 지를 제대로 가려내는 천안(天眼)이 있어야 할 것이다.

선인(仙人)은 목성대화(木星帶譁)를 선인이라 하나 이것보다는 얼굴이 있고, 양어깨가 있고 양팔이 있음을 유념해야 한다. 여기에 대체적으로 큰 선인 옆에는 맹호, 갈마, 장군 등이 여럿이 있음을 알아야 한다. 전제된 도선 비록을 참조하면 좋을 것이다. 천마(天馬)는 말이 마치 구름을 헤치고 뛰어오르는 듯한 기상을 갖춘 것이다. 이때도 말인지 사자인지를 제대로 구분해야 실수가 없다. 그런데 이는 대체적으로 산세가 큰 곳에 위치해 있다. 이때도 말의 등인지 소의 등인지를 구분해야 제왕을 탄생시킬 수가 있다.

二十四、旗山

마치 만장봉과도 흡사한데 이때도 장군형인지를 살펴봐야 하며, 장군이 꽂아놓은 쇠창인지, 문필 봉인지를 정확히 판단하지 않으면 도리어 큰 화를 자초할 수도 있다. 호정(虎頂)은 역시 호정인지, 사자인지 말의 머리인지 가려내야 한다. 항상 호정, 사정(獅頂), 마정(馬頂) 등이 있을 때는 특히 조심해야 한다. 이 때엔 반드시 대지가 있음을 유념해 제대로 구분해 터를 잡아야 한다.

二十五、鳳頂

또한 아무 데나 있지 않다. 대체적으로 대길지(大吉地)에 속해 있는 편이다. 대체적으로 학정, 계정, 사정, 용정 등 큰 것만도 26정이 난립해 있다. 그 많은 정(頂)은 쉽게 파악하기가 힘들다. 일례로 사정 앞에 살쾡이가 마주해 입을 벌리거나 머리를 마주하고 있는 형국이라면 반드시 골육상쟁이나 처참한 객사도

하게 되는 것이다. 이런 것들은 대체적으로 음양오행과는 무관한 것이다. 여러 행태의 동물들이 분포돼 있는 곳이 산인데, 어찌 음양오행만으로 다한다하랴.

二十六、 蛾眉

안산 넘어 소조산(小祖山) 반달 모양이 마치 학의 목이 가늘게 엎드린 것처럼 보이면, 30여년의 대운이 들것이다. 이때엔 좋은 위치가 있으면 30년쯤 돼서 좌향을 바꾸어도 무방할 것이다.

二十七、 鏡臺

이것은 여자의 화장대를 말하는 것인데 대체적으로 안산 안쪽에 위치해있다. 이 때도 소의 유방인지를 살펴야 하는데 주변을 잘 살펴보면 판단이 설 것이다.

二十八、金盤은 한 마디로 천하대지(天下大地)이다.

우리 나라의 현재 도시로 형성돼있는 곳이 많다. 물론 비어 있는 곳도 있지만 그의 대표적인 곳은 전주나 원주 대전시를 꼽을 수 있다. 작은 혈처로 만들어진 곳도 있다. 대도시 같은 곳은 금반을 움직이는 즉, 금반의 음식을 먹기 위해서 그 주변 산에 길지가 있는 것이다.

이것은 쟁반 즉 도시는 양택지(陽宅地)요, 그를 득할 수 있는 터는 음택지(陰宅地)인 것이니, 이것은 천안(天眼)이 아니고서는 찾을 수가 없을 것이다.

곰의 형세 또한 대지(大地)이다. 여기에 올바르게 터를 잡게되면 반드시 왕비나 君王을 탄생시키게 된다. 일례로 남연군 이구의 묘라 할 수 있다. 대체적으로 이렇게 만들어 놓은 곳을 보고 모악(母岳)이라 할 수 있다. 수많은 것이 있지만 후에 쓰기로 하자. 앞에서 제시된 도선대사의 풍수론만 잘 터득해도 술사로서 웬만한 큰 일은 해낼 것이다.

第二章

一、守勢

물이 내조(來朝)하면 재물이요, 물이 혈을 에워싸면 기가 온전하고 물이 명당에 들어오면 후복하리라. 물이 현무(玄武)에 얽혀들면 장원(長遠)이요, 산이 생왕(生旺)하고 물도 생왕하니 소계(小係)가 지현(之玄)으로 오면 생수(生水)요, 큰 강(大江)이 평만(平滿)하면 왕수(旺水)요. 수심(水深)하면 복이 많고 물이 적으면 복이 적으리라. 산이 곧으면 물도 곧고, 산이 굽으면 물도 굽느니라. 산비수주(山飛水走) 되었으면 복종절사(覆宗絶祀) 아닌가. 수구(水口) 긴쇄(緊鎖) 되었으면 순수(順水) 하여도 발복하고, 수구가 산란(散亂)하면 역수하여도 종쇠(終衰)하고, 산문(山門)은 넓을수록 좋고 수구(水口)가 산란하면 문호(門戶)는 좁을수록 좋다.

二、 **得破論**

처음 보이는 곳이 득(得)이요, 보이지 않은 곳이 파(破)로다.

건산(乾山)엔 갑득정파(甲得丁破)라.

곤산(坤山)에는 임득을파(壬得乙破)요,

신산(申山)에는 자득진파(子得辰破)로다.

손산(巽山)에는 경득계파(庚得癸破)요,

사산(巳山)에는 유득축파(酉得丑破)로다.

간산(艮山)엔 병득신파(丙得辛破)요,

인산(寅山)에는 오득(午得) 술파(戌破)로다.

임손정자사미(壬巽丁子巳未)하니 임산(壬山)에는 손득정파(巽得丁破)요,

자산(子山)에는 사득미파(巳得未破)로다.

三、人道行龍四强交媾之理　極富貴

辛戌坎癸艮寅龍艮寅坐　寅破
辛戌坎癸坤申龍坤申坐　乙破
辛戌午丁坤申龍坤申坐　壬破
乙辰午丁坤申龍坤申坐　壬破
乙辰午丁艮寅龍艮寅坐　辛破
庚兌壬亥癸丑龍癸丑坐　巽破
癸丑卯乙乾亥龍乾亥坐　丁破
丁未辛兌巽巳龍巽巳坐　癸破
丁未辛兌乾亥龍乾亥坐　甲破

四、當代大將之地

艮寅庚兌龍癸丑坐　丁未破
乾亥　丙午龍辛戌坐　乙辰破
坤申甲卯龍丁未坐　癸丑破
巽巳壬坎龍乙辰坐　辛戌破

五、出將相大貴之地

坎癸艮寅辛兌龍辛入首辛坐　丙破　辛戌入首戌坐　丙破十五代兵使

坎癸艮寅卯乙龍癸入首癸坐　庚破　癸丑入首丑坐　庚破九代兵使

卯乙巽巳午丁龍丁入首丁坐　甲破　丁未入首未坐　甲破八代兵使

卯乙艮寅坎癸龍艮入首子坐　丁破　壬坎入首壬坎坐　大富貴

午丁坤申辛兌龍辛入首辛坐　艮坡　辛戌入首戌坐　富貴多男

午丁巽巳卯乙龍卯入首卯坐　戌破　辛戌入首戌坐　大吉

辛兌乾亥坎癸龍癸入首癸坐　巽破大吉

辛兌坤申午丁龍午丁入首午坐　癸破　丙午入首丙午坐　癸破吉

六、養子富貴之地

艮寅龍卯坐　坤破　坤申龍酉坐　艮破　乾亥龍子坐　巽破

七、到星戌巳坐長孫絶亡枝孫大昌出科甲

戌龍亥坐乙破　亥龍戌坐丙破　申龍未坐甲破　辰龍巳坐子破
丑龍寅坐子破　未龍申坐癸破　巳龍辰坐子破　寅龍丑坐庚破
重喪日　每月巳亥日

八、出 堂代大將之地

當代大將六代判書六代兵權　坤申甲卯龍丁未坐　癸丑破

當代大將二代判書七代兵權　巽巳壬坎龍乙辰破　辛戌破

當代大將四代判書九代兵權　乾亥丙午龍辛戌坐　乙辰破

九、論 桃花水看法

午坐에 酉得 子破　酉坐에 子得 卯破　子坐에 卯得 午破　卯坐에 午得 酉破

午龍에 酉坐 子得 酉龍에 子坐 卯得 子龍에 卯坐 午得 卯龍에 午坐 酉得

이것이 桃花水라 이러한 山에 入墓하면 多女가 出生하며 賣酒佳人이요 又는 女則 淫乱이요 男則 乱逢이라 酒敗家亡이라.

十、破殺

子酉破 :: 자손 별거 이별
丑辰破 :: 관재 건강이 좋지 않음
寅亥破 :: 담석 건강이 좋지 않음
卯午破 :: 향락 재산탕진 건강쇠약
巳申破 :: 파산 패망 건강쇠약
未戌破 :: 파산 패망 건강쇠약

天干合
甲己 合土。 乙庚 合金。 丙辛 合水。 丁壬 合木。 戊癸 合火。

地支六合
子丑合土。 寅亥合木。 卯戌合火。
辰酉合金。 巳申合水。 午未合天。

地支沖
子午。 丑未。 寅申。 卯酉。 辰戌。 巳亥沖。

龍穴區分圖

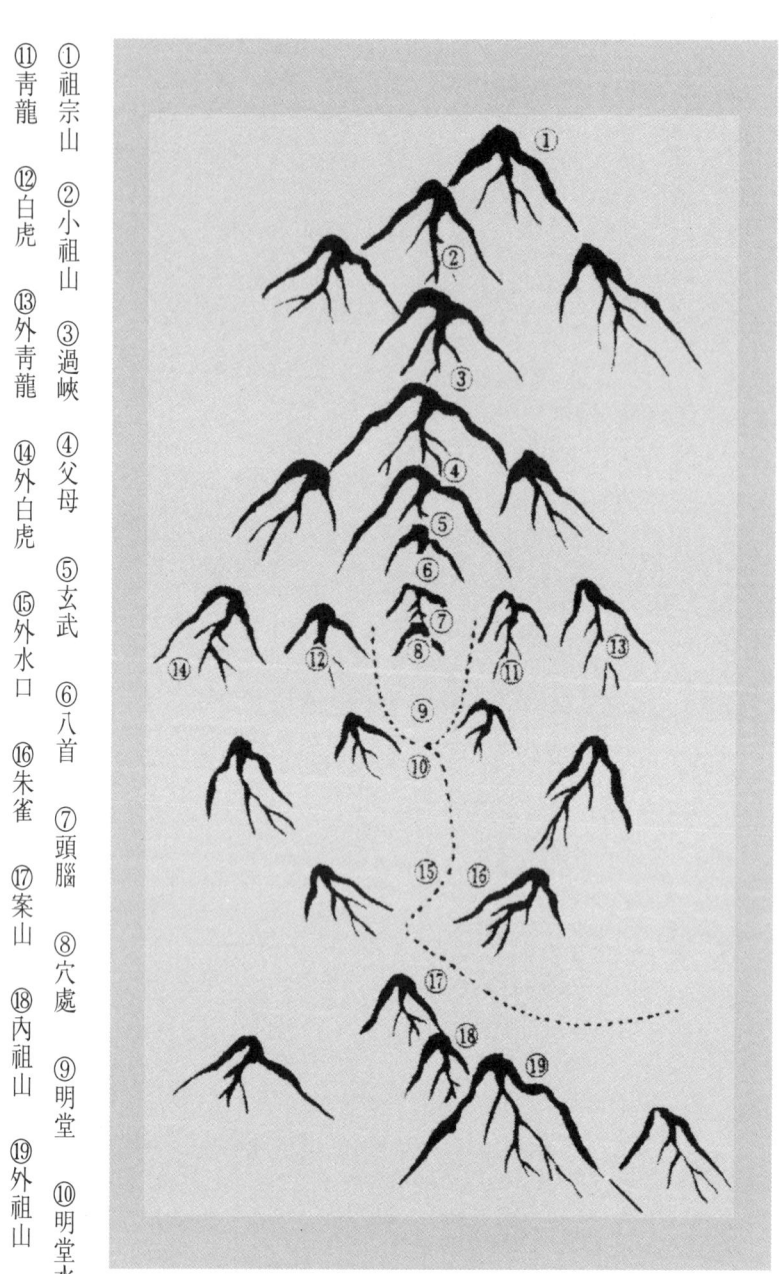

① 祖宗山　② 小祖山　③ 過峽　④ 父母　⑤ 玄武　⑥ 入首　⑦ 頭腦　⑧ 穴處　⑨ 明堂　⑩ 明堂水　⑪ 靑龍　⑫ 白虎　⑬ 外靑龍　⑭ 外白虎　⑮ 外水口　⑯ 朱雀　⑰ 案山　⑱ 內祖山　⑲ 外祖山

第三章 論 玉龍子踏山歌

一、論 玉龍子踏山歌

여보서요 喪主님내
天下明堂 여기로다
甲卯峰이 높고보니
三聖八賢 날자리요
巽辛峯이 높고보니
玉堂翰林 날자리요
坤卯峯이 높고보니
皇后王妃 날자리요
庚兌峯이 높고보니
天下明將 날자리요
主山이 높고높아
萬鍾을 울일거요
丙丁峯이 높고보니
白髮父母 長壽하고
乾亥峯이 높고보니
國師工師 날자리요
艮寅峯이 높고보니
七歲男兒 登科地요
子午卯酉四正峯은
나라님의 必生地요

乾坤艮巽四胎峯은
萬古英雄날자리요
甲庚丙壬四順峯은
萬古女將날자리요
辰戌丑未四藏峯은
石崇巨富날자리요
없다고限嘆마라
寅葬卯發여기로다
아들없다限嘆마라
不倫堂年生貴子라
三代白頭限嘆마라
代代政承여기로다
皇后揀選걱정마라
三代皇后날자리다

寅甲巳亥四生峯은
賢人達士날자리요
乙辛丁癸四强峯은
天下力士날자리요
艮寅龍이丙午돌아
辛戌坐가 되고보면
乾亥龍이 丁未로 돌아
甲卯坐가 되고보면
巽巳坐가 庚兌로 돌아
癸丑坐가 되고보면
坤申龍이壬坎으로 돌아
乙辰坐가 되고보니
어화世上사람들아
修德積善明堂이다

二、論 養子墓發福

艮寅龍에 卯坐 坤破는 八代養子奉祀地라 家勢는 不貧하고 科甲이 間出이요

巽巳龍에 午坐 乾破는 七代養子奉祀地라 家富하고 科甲이 間出이라

坤申龍에 酉坐 艮破는 九代養子奉祀地라 家勢有足하고 科甲이 間出이라

乾亥龍에 巽破 子坐 六代養子나 科甲이 間出히여 比是 養子四大明堂이라。

三、論 卜舊墳法

× 青龍白虎相沖　　× 細青龍而頭大　　× 青龍內而有砂
（청룡백호상충）　（세청룡이두대）　（청룡내이유사）

兄弟義誼不和
（형제의의 불화）

× 靑龍砂之絶腰
（청룡사지절요）

有子孫之斬首
（유자손지참수）

○ 靑龍外之有峯
（청룡외지유봉）

× 有子孫之橫財
（유자손지횡재）

× 白虎內之尸砂
（백호내지시사）

小長生之不盛
（소장생지불성）

有妻子之奉祀
（유처자지봉사）

× 靑龍砂之觸首
（청룡사지촉수）

有子孫之多傷
（유자손지다상）

× 白虎砂之絶腰
（백호사지절요）

有子孫之斬刑
（유자손지참형）

× 白虎砂之觸首
（백호사지촉수）

有子孫之虎傷
（유자손지호상）

長子孫而不盛
（장자손이불성）

○ 靑龍內之有岩
（청룡내지유암）

有子孫之力士
（유자손지력사）

× 白虎內之有砂
（백호내지유사）

有子孫之刑殺
（유자손지형살）

○ 白虎外之七峯
（백호외지칠봉）

文武科之不絶
（문무과지부절）

× 坤乙水之朝堂
（곤을수지조당）

棺內炭之水濂
（관내탄지수렴）

× 乾戌風之當吹
（건술풍지당취）

男女鰥寡多出
（남녀환과다출）

× 向巽方之長谷
（향손방지장곡）

外孫謂之不盛
（외손위지불성）

× 案山方之細砂
（안산방지세사）

× 坤艮出而相對
（곤간출이상대）

男女謂之淫乱
（남녀위지음란）

× 坎癸風之吹入
（감계풍지취입）

棺內室之虫濂
（관내실지충렴）

× 艮寅方之長谷
（간인방지장곡）

有子孫之盲目
（유자손지맹목）

× 山水谷之有走
（산수곡지유주）

× 巽巳水之朝對
（손사수지조대）

棺內室出氷濂
（관내실출빙렴）

× 甲乙方之長谷
（갑을방지장곡）

長子孫之多喪
（장자손지다상）

× 癸丑水之朝對
（계축수지조대）

男孫六指必生
（남손육지필생）

× 巽辛方之絶腰
（손신방지절요）

대천명 • 49

有子孫之結項
（유자손지결정）

有子孫之分散
（유자손지분산）

百代無官可見
（백대무관가견）

巽辛峯之秀麗
（손신봉지수려）

丙午峯之　秀
（병오봉지　수）

案山方之圓峯
（안산방지원봉）

有子孫之富文
（유자손지부문）

有子孫之登科
（유자손지등과）

有子孫之封君
（유자손지봉군）

水口外之圓峯
（수구외지원봉）

辰戌丑未四大
（진술축미사대）

子午卯酉圓峯
（자오묘유원봉）

有子孫之佩印
（유자손지패인）

有子孫之大富
（유자손지대부）

有子孫之極貴
（유자손지극귀）

主山外之有岩
（주산외지유암）

水口内之有峯
（수구내지유봉）

有子孫之力士
（유자손지력사）

華盖謂之不絶
（화개위지부절）

四、日月道行龍四順交媾之理　極富貴

甲卯巳丙丁未龍丁未坐　壬坎寅甲乙辰龍乙辰坐

甲卯巳丙癸丑龍癸丑坐　丙午申庚辛戌龍辛戌坐

庚兌壬亥癸丑龍癸丑坐　丙午申庚乙辰龍乙辰坐

庚兌壬亥丁未龍丁未坐　壬坎寅甲乙辰龍乙辰坐

第四章 出 王妃將相天德月空之理

一、出 王妃將相天德月空之理

艮寅坎癸起峯一枝甲卯出壬亥落脈乾亥癸丑龍庚兌坐 丁未

破 則二妃三相八判

乾亥辛兌起峯一枝壬坎出脈申通癸丑通庚坤申丙午龍辛戌坐 乙

辰破 三妃六相十判

巽巳卯乙起峯一枝丙午出脈寅甲落脈艮寅壬坎龍乙辰坐 辛戌破

四妃二相七判

巽巳行龍丑未交媾之下末落之下甲卯坐 九代將相九代出貴

妃三日女死萬代榮華

乾亥 行龍丑未交媾之下庚兌坐 八代將相九代出貴妃葬之三

四日內女死萬代榮華

坤申 行龍辰戌交媾 之下戌脈丙午坐
六代入相出貴妃

艮寅 行龍辰戌交媾 之下辰脈壬坎坐
七代將相七代貴妃

丙午 行龍寅申古媾 之下申脈乙辰坐
十二代將相六代出貴妃

癸丑 行龍酉交媾 之下酉脈巽巳坐
十四代將相八代出貴妃

壬坎 行龍寅申交媾 之下寅出脈辛戌坐
十四代將相六代出貴妃

丁未 行龍卯酉交媾 之下酉出脈巽巳坐
十四代將相七代出貴妃

乙辰 行龍子午交媾 之下午脈坤申坐
十二代將相六代出貴妃

辛戌 行龍子午交媾 之下坤申坐

十四代將相七代出貴妃

二、今時發福之地

乙辰龍艮寅後　長坤申坐　丁未龍乾亥後　長巽巳坐　辛戌龍艮寅後　長坤申坐

艮寅龍壬坎後　長丙午坐　癸丑龍乾亥後　長巽巳坐　坤申龍丙午後　長壬坎坐

辛戌龍坤申後　長艮寅坐　乙辰龍坤申後　長艮寅坐　癸丑龍巽巳後　長乾亥坐

坤申龍辛戌後　長乙辰坐　巽巳龍丁未後　長癸丑坐　艮寅龍乙辰後　長辛戌坐

乾亥龍庚兌後　長甲卯坐　乙辰龍壬坎後　長丙丁坐

第五章 雙行二十四 通脈

一、左旋回局六節通脈

乾亥癸丑龍乾亥坐　癸丑乾亥龍癸丑坐　巽巳丁未龍巽巳坐

丁未巽巳龍丁未坐　巽巳甲卯龍巽巳坐　甲卯巽巳龍甲卯坐

庚兌乾亥龍庚兌坐　乾亥庚兌龍乾亥坐　甲卯癸丑龍甲卯坐

丁未庚兌龍丁未坐　庚兌丁未龍庚兌坐

二、右旋回局六節通脈

艮寅壬坎龍艮寅坐　丙午坤申龍丙午坐　壬坎艮寅龍壬坎坐

坤申辛戌龍坤申坐　乙辰丙午龍乙辰坐　坤申丙午龍坤申坐

辛戌壬坎龍辛戌　　艮寅乙辰龍艮寅　　丙午乙辰龍丙午

乙辰艮寅龍乙辰　　辛戌坤申龍辛戌

三、雙行六節通脈

亥壬丑艮龍卯乙　　辰巽午丁龍申庚坐　　丑艮卯乙龍巳丙坐

未坤巳丙龍未坤　　寅甲辰巽龍午丁坐　　巳丙未坤龍辛兌坐

戌乾坎癸龍寅甲　　坎癸寅甲龍辰巽坐　　午丁申庚龍戌乾坐

甲庚戌乾龍坎癸　　辛兌壬亥龍丑艮坐

四、合龍雙龍回局六節通脈

卯乙巳丙龍卯乙坐　　癸丑壬亥龍癸丑坐　　辰巽午丁龍辰巽坐

五、向上胞胎法

丙午未坤龍丙午坐　丑艮壬亥龍丑艮坐　乙辰寅甲龍乙辰坐

寅甲辰巽龍寅甲坐　癸丑甲卯龍癸丑坐　壬亥丑艮龍壬亥坐

乙辰巳丙龍乙辰坐　戌乾申庚龍戌乾坐　丁未申庚龍丁未坐

甲卯丑艮龍甲卯坐　卯乙丑艮龍卯乙坐　辛兌戌乾龍辛兌坐

坎癸戌乾龍坎癸坐　巳丙卯乙龍巳丙坐　寅甲坎癸龍寅甲坐

午丁辰巽龍午丁坐　午丁申庚龍午丁坐　巽巳卯乙龍巽巳坐

壬亥辛兌龍壬亥坐　坤申午丁龍坤申坐　艮寅卯乙龍艮寅坐

乾甲丁亥卯未向　　　起胞於申　　三代發

巽庚癸巳酉丑向　　　起胞於寅　　四代發

坤乙壬申子辰向　　　起胞於巳　　堂代發

艮丙辛寅午戌向　　　起胞於亥　　二代發

六、生龍四坐無后之地通脈

乾龍丁坐不用　巽龍癸坐不用　坤龍寅坐不用　艮龍寅坐不用

七、吉星所照方

壬坎坐乙巽方　癸丑坐丁方　艮寅坐丁方　甲卯坐乾方
乙辰坐坤申方　巽巳坐壬方　丙午坐癸丑方　乾亥坐丁方
辛戌坐午方　坤申坐乙方　丁未坐癸方　庚兌坐午方

第六章 四到星法 萬代榮華之地

一、萬代榮華之地

午丁卯乙龍申庚坐　艮癸辛兌龍寅申坐

卯乙巳丙龍辰巽坐　辛兌午丁龍壬亥坐

二、百子千孫之地

辛戌壬坎龍乾亥坐　乙辰丙午龍巽巳坐

癸丑甲卯龍艮寅坐　丁未庚兌龍坤申坐

三、出 天子之地 雙行

此等局龍之大勢 主張作坐乾坤艮巽脈然后用

辛兌午丁卯乙龍坎癸坐　午丁卯乙坎癸龍辛兌坐

卯乙坎癸辛兌龍午丁坐　坎癸辛兌午丁龍卯乙坐

四、出 大聖人之地雙行

艮寅辰巽未坤龍　戌乾坐　坤申辰巽丑艮龍戌乾坐

乾亥未坤辰巽龍　丑艮坐　坤申戌乾丑艮龍辰巽坐

巽巳丑艮戌乾龍　未坤坐

五、出 諸侯之地 雙行

辛兌午丁龍　卯乙坐
午丁卯乙龍　坎癸坐

卯乙坎癸龍　辛兌坐
坎癸辛兌龍　午丁坐

六、左旋四節通脈

巽巳龍丁未坐　丁未龍巽巳坐
乾亥龍癸丑坐　癸丑龍甲卯坐
庚兌龍乾亥坐　乾亥龍庚兌坐
　　　　　　庚兌龍丁未坐　巽巳龍甲卯坐
　　　　　　丁未龍庚兌坐
　　　　　　甲卯龍癸丑坐

七、左旋六節通脈

乾亥癸丑龍　甲卯坐

乾亥庚兌龍　丁未坐

巽巳甲卯龍　癸丑坐

甲卯癸丑龍　乾亥坐

巽巳庚兌龍　癸丑坐

庚兌乾亥龍　癸丑坐

甲卯巽巳龍　丁未坐

庚兌丁未龍　巽巳坐

甲卯巽巳龍　丁未坐

庚兌丁未龍　巽巳坐

甲卯癸丑乾亥龍　庚兌坐

丁未巽巳甲卯龍　癸丑坐

八、左旋八節通脈

乾亥癸丑甲卯龍　巽巳坐

巽巳丁未庚兌龍　乾亥坐

甲卯巽巳丁未龍　庚兌坐

庚兌乾亥癸丑龍　甲卯坐

癸丑甲卯巽巳龍　丁未坐

丁未庚兌乾亥龍　癸丑坐

乾亥庚兌丁未龍　巽巳坐

巽巳甲卯癸丑龍　乾亥坐

甲卯癸丑乾亥龍　庚兌坐

丁未巽巳甲卯龍　癸丑坐

甲卯癸丑乾亥龍　庚兌坐　癸丑乾亥庚兌龍　丁未坐

九、左旋十節通脈

乾亥龍甲卯坐　甲卯龍丁未坐

丁未龍甲卯坐　甲卯龍乾亥坐

癸丑龍庚兌坐　庚兌龍癸丑坐

　　　　　　　　庚兌龍巽巳坐

　　　　　　　　巽巳龍庚兌坐

十、左旋二十二節通脈

乾亥癸丑龍庚兌坐　甲卯丁未龍巽巳坐

丁未乾亥龍庚兌坐　甲卯巽巳龍丁未坐

庚兌乾亥龍丁未坐　甲卯乾亥龍癸丑坐

　　　　　　　　　乾亥甲卯龍癸丑坐

　　　　　　　　　乾亥庚兌龍癸丑坐

十一、左旋羊積德龍出貴人將相

癸丑甲卯龍乾亥坐 　丁未庚兌龍巽巳坐
庚兌丁未龍乾亥坐 　甲卯癸丑龍巽巳坐
丁未乾亥龍巽巳坐 　庚兌乾亥龍丁未坐
癸丑乾亥龍甲卯坐 　丁未巽巳龍庚兌坐
庚兌巽巳龍丁未坐 　乾亥丁未龍庚兌坐
　　　　　　　　　　癸丑庚兌龍乾亥坐

乾亥未坤龍乾亥坐 　巽巳丑艮龍巽巳坐
庚兌巽巳龍庚兌坐 　巽巳庚兌龍巽巳坐
乾亥丁未龍庚兌坐 　丁未甲卯龍丁未坐
癸丑巽巳龍庚兌坐 　癸丑庚兌龍癸丑坐
癸丑巽巳龍癸丑坐 　巽巳申庚龍丁未坐
乾亥卯乙龍乾亥坐 　甲卯乾亥龍甲卯坐
　　　　　　　　　　巽巳癸丑龍巽巳坐

十二、右旋四節通脈

坤申龍辛戌坐　　壬坎龍辛戌坐　　艮寅龍乙辰坐

辛戌龍坤申坐　　坤申龍丙午坐　　壬坎龍艮寅坐

丙午龍乙辰坐　　丙午龍坤申坐　　辛戌龍壬坎坐　　艮寅龍壬坎坐

十三、右旋六節通脈

坤申辛戌龍壬坎坐　　壬坎辛戌龍坤申坐　　辛戌壬坎龍艮寅坐

辛戌坤申龍丙午坐　　艮寅乙辰龍丙午坐　　乙辰艮寅龍壬坎坐

乙辰丙午龍坤申坐　　壬坎艮寅龍辛戌坐　　坤申丙龍乙辰坐

丙午坤申龍辛戌坐　　丙午乙辰龍艮寅坐

十四、右旋八節通脈

坤申辛戌壬坎龍艮寅坐　辛戌壬坎艮寅龍乙辰坐

乙辰丙午坤申龍辛戌坐　丙午坤申辛戌龍壬坎坐

艮寅乙辰壬坎龍辛戌坐　艮寅壬坎辛戌龍坤申坐

艮寅乙辰丙午龍坤申坐　坤申丙午乙辰龍艮寅坐

壬坎辛戌坤申龍丙午坐　辛戌坤申丙午龍乙辰坐

壬坎艮寅乙辰龍丙午坐　丙午乙辰艮寅龍壬坎坐

十五、右旋十節通脈

壬坎龍乙辰坐　乙辰龍坤申坐　辛戌龍艮寅坐　丙午龍辛戌坐

坤申龍乙辰坐　艮寅龍丙午坐　辛戌龍丙午坐

乙辰龍壬坎坐　　　　　　　丙午龍艮寅坐

十六、右旋十二節通脈

辛戌壬坎龍坤申坐　　艮寅乙辰龍壬坎坐

壬坎艮寅龍辛戌坐　　坤申辛戌龍艮寅坐

丙午坤申龍乙辰坐　　坤申辛戌龍丙午坐

十七、右旋二十二節通脈

坤申壬坎龍辛戌坐　　艮寅辛戌龍壬坎坐

坤申乙辰龍丙午坐　　艮寅辛戌龍坤申坐

辛戌坤申龍丙午坐　　壬坎乙辰龍丙午坐

乙辰壬坎龍艮寅坐　　丙午艮寅龍乙辰坐

辛戌艮寅龍壬坎坐

십팔、右旋羊積德龍出貴人將相

坤申壬坎龍辛戌坐

坤申壬亥龍辛戌坐

丙午辛戌龍丙午坐

艮寅丙午龍艮寅坐

辛戌丙午龍辛戌坐

艮寅戌乾龍壬坎坐

坤申乙辰龍坤申坐

坤申辰巽龍坤申坐

艮寅巳丙龍乙辰坐

壬坎坤申龍壬坎坐

丙午艮寅龍丙午坐

壬坎乙辰龍壬坎坐

乙辰壬坎龍艮寅坐

乙辰坤申龍乙辰坐

辛戌艮寅龍辛戌坐

십구、左旋回局六節通脈

乾亥癸丑龍乾亥坐

癸丑乾亥龍癸丑坐

巽巳丁未龍巽巳坐

丁未巽巳龍丁未坐

巽巳申卯龍巽巳坐

申卯巽巳龍申卯坐

庚兌乾亥龍庚兌坐

乾亥庚兌龍乾亥坐

甲卯癸丑龍甲卯坐

丁未庚兌龍丁未坐　　庚兌丁未龍庚兌坐

二十、右旋面局六節通脈

艮寅壬坎龍艮寅坐　　丙午坤申龍丙午坐

坤申辛戌龍坤申坐　　乙辰丙午龍乙辰坐

辛戌壬坎龍辛戌坐　　艮寅乙辰龍艮寅坐

乙辰艮寅龍乙辰坐　　辛戌坤申龍辛戌坐

壬坎艮寅龍壬坎坐

坤申丙午龍坤申坐

丙午乙辰龍丙午坐

二十一、雙行六節通脈

亥壬丑艮龍卯乙坐　　辰巽午丁龍申庚坐　　丑艮卯乙龍巳丙坐

未坤巳丙龍未坤坐　　寅甲辰巽龍午丁坐　　巳丙未坤龍辛兌坐

二十二、合龍雙龍面局六節通脈

戌乾坎癸寅甲龍　坎癸寅甲辰巽坐

甲庚戌乾龍坎癸坐　辛兌壬亥龍丑艮坐

午丁申庚龍戌乾坐

卯乙巳丙龍卯乙坐　癸丑壬亥龍癸丑坐

丙午未坤龍丙午坐　丑艮壬亥龍癸丑坐

寅甲辰巽龍寅甲坐　乙辰寅甲龍乙辰坐

乙辰巳丙龍乙辰坐　癸丑甲卯龍癸丑坐

甲卯丑艮龍甲卯坐　戌乾申庚龍戌乾坐

坎癸戌乾龍坎癸坐　卯乙丑艮龍卯乙坐

午丁辰巽龍午丁坐　巳丙卯乙龍巳丙坐

壬亥辛兌龍壬亥坐　寅甲坎癸龍寅甲坐

辛戌申庚龍辛戌坐　辛兌戌乾龍辛兌坐

辛戌申庚龍辛戌坐　丁未申庚龍丁未坐

壬亥辛兌龍壬亥坐　壬亥丑艮龍壬亥坐

午丁辰巽龍午丁坐　乙辰寅甲龍乙辰坐

坎癸戌乾龍坎癸坐　辰巽午丁龍辰巽坐

甲卯丑艮龍甲卯坐　辛戌壬亥龍辛戌坐

艮寅卯乙龍艮寅坐

坤申午丁龍坤申坐

巳丙卯乙龍巳丙坐

午丁申庚龍午丁坐

戌乾坎癸龍戌乾坐

辛戌壬亥龍辛戌坐

二十三、合龍十節通脈

壬坎丑艮龍壬亥坐　申庚午丁龍申庚坐　壬坎戌乾龍壬亥坐

申庚戌乾龍申庚坐　辰巽寅甲龍辰巽坐　坤申辛兌龍坤申坐

巳丙未坤龍巳丙坐　乾亥坎癸龍乾亥坐　辛兌壬亥龍辛兌坐

坎癸寅甲龍坎癸坐　巽巳午丁龍巽巳坐　辛兌卯乙龍丑艮坐

甲卯辰巽龍甲卯坐　辛兌未坤龍辛兌坐　丙午巽巳龍丙午坐

亥壬龍卯乙坐　艮寅龍巳丙坐　卯乙龍未坤坐　辛兌龍戌乾坐

戌乾龍寅甲坐　未坤龍戌乾坐　午丁龍戌乾坐　申庚龍坎癸坐

坎癸龍辰巽坐　巳丙龍辛兌坐　辰巽龍申庚坐　寅甲龍午丁坐

二十四、合龍剝換二十二節通脈

亥壬卯乙龍丑艮坐　坎癸辰巽龍寅甲坐　卯乙未坤龍巳丙坐

未坤壬亥龍辛兌坐　申庚坎癸龍戌乾坐　戌乾丑艮龍坎癸坐

辰巽甲庚龍午丁坐　辛兌丑艮龍壬亥坐　午丁戌乾龍申庚坐

巳丙辛兌龍未坤坐　寅甲午丁龍辰巽坐　丑艮巳丙龍卯乙坐

第七章、凶殺局과 古骨徑

一、枯骨徑

一、月 亡

正月生亡人을 午子年에 이장하면 家長이 亡한다.

二月生亡人을 辰年에 이장하면 殺人

三月生亡人을 子午年에 이장하면 三人亡한다.

四月生亡人을 申年에 이장하면 中子亡(둘째며느리)

五月生亡人을 酉年에 이장하면 五人이 亡한다.

六月生亡人을 亥年에 이장하면 中子가 亡한다.

七月生亡人을 卯年에 이장하면 小子가 亡한다.

八月生亡人을 子戌年에 이장하면 長女亡

二、年 亡

子生亡을 一月에 이장하면 家長이 殺(죽음)을 당한다.
丑生亡을 二三月에 이장하면 三人이 亡한다.
寅年生亡人을 六月에 이장하면 六人이 亡한다.
卯年生亡人을 二三五月에 이장하면 살가모
辰年生亡人을 二三五月에 이장하면 살가모
巳年生亡人을 十一月에 이장하면 九人이 亡한다.
午年生亡人을 七月에 이장하면 亡한다.

九月生亡人을 丑年에 이장하면 三人이 亡한다.
十月生亡人을 寅年에 이장하면 子孫이 빈걸
十一月生亡人을 巳午未年에 이장하면 亡한다.
十二月生亡人을 巳未年에 이장하면 八人이 亡한다.

未年生 亡人을 七八月에 이장하면 長女가 亡한다。

申年生 亡人을 四月에 이장하면 中子가 亡한다。

酉年生 亡人을 五六月에 이장하면 五人이 亡한다。

戌年生 亡人을 五六月에 이장하면 三人이 亡한다。

亥年生 亡人을 九月에 이장하면 中子가 亡한다。

三、重喪日

正月 七月喪에 甲庚日에 喪을 지내면 重喪을 당한다。

二月 八月喪에 乙辛日에 喪을 지내면 重喪을 당한다。

三月 九月喪에 戊巳日에 喪을 지내면 重喪을 당한다。

四月 十月喪에 壬酉日에 喪을 지내면 重喪을 당한다。

五月 十一月喪에 丁癸日에 喪을 지내면 重喪을 당한다。

六月 十二月喪에 戊巳日에 喪을 지내면 重喪을 당한다。

四、殺人局

巳丙之頭-乙辰坐 寅甲之頭-癸丑坐
壬亥之頭-辛酉坐 申庚之頭-丁未坐

五、滅門坐(亡人의 命)

子生-乾巽巳亥坐　丑生-壬丙子午坐　卯生-甲庚酉卯坐　未生-丁癸丑未坐
戌生-艮坤寅申坐　亥生-乙辛辰戌坐　壬癸戌己辰戌丑　未生-丑艮巽巳坐
庚申辛酉生-艮寅戌亥坐　丙丁巳午生-乾坤亥未坐　甲寅乙卯生-坤申巽坐

六、忌 坐 法〈기좌법〉

子生、子坐、長子亡 無后之地 丑生、甲坐、三年內 三人亡

寅生、癸坐、一家亡 卯生、酉坐、三人大風出. 문둥이

辰生、甲坐、三年內子孫亡 巳生、丑艮坐、無后

午生、艮坐、無后 未生、癸坐、無后

申生、丑艮酉子坐、內外孫絶亡 酉生、酉子坐、宗女婦亡, 큰집며느리

戌生、卯酉巽坐、五人亡 亥生、寅丑坐、長子無后

七、入首下穴處法

乾入首下 一二三步穴處在

坎入首下 一二三步穴處在

艮入首下 一六步穴處在

震入首下　八九步穴處在
巽入首下　五八步穴處在
巽入首下　八九步穴處在
坤入首下　四六步穴處在
兌入首下　一四步穴處在

八、逃尸穴法

乾亥山　丑未空則尸在巽方　四九步六尺
壬坎癸山　丑未空則尸在午方　二七步四尺
丑艮寅山　辰戌空則尸在坤方　二六步六尺
甲卯山　辰戌空則尸在酉方　四九步六尺

辰巽巳山　丑未空則尸在乾方　三八步六尺
未坤申山　辰戌空則尸在艮方　二七步四尺
庚酉辛山　辰戌空則尸在卯方　三八步四尺
丙午丁山　丑未空則尸在乾方　一六步六尺

九、葬穴深法

乾亥壬坐＝五尺七寸~八尺三寸　　甲艮寅坐＝三尺五寸~二尺三寸
卯乙辰坐＝三尺九寸~四尺三寸　　辛酉戌坐＝四尺六寸~二尺六寸
子癸丑坐＝五尺四寸~六尺五寸　　坤庚甲坐＝五尺六寸~六尺八寸
巽巳丙坐＝七尺九寸~三尺三寸　　午丁未坐＝四尺三寸~五尺六寸

十、黃泉坐

巳酉丑生-艮坐　　亥卯未生-坤坐　　申子辰生-巽坐　　寅午戌生-乾坐

十一、雙金殺

戌亥龍-乾坐　　辰巳龍-巽坐　　丑寅龍-艮坐　　坤未龍-申坐

十二、無后坐

申龍乙入首乙坐　坤龍未入首午丙丁坐　艮龍艮入首丑坐
癸龍午丁入首丙丁坐　午丁脈下坤坐　艮龍艮入首癸坐
午丙脈下坤未甲坐　艮龍艮入首艮坐　丑龍丑入首癸坐
艮龍寅入首寅坐　坎龍丑入首丑坐　午龍丙入首丙坐
寅龍丑入首壬乾坐　亥龍癸入首癸坐　壬龍丑入首丑坐
卯龍艮坐　巽龍卯坐

十三、雙劍殺

戌乾龍辛坐　未坤龍丁坐

乾甲丁亥卯未木龍下-乾甲卯午坐　辰巽龍乙坐　丑艮龍癸坐

艮丙辛寅午戌火龍下-壬寅坐　巽寅癸巳酉丑金龍下-丙丁乙酉坐

十四、太白殺

甲卯龍-壬坎入首　壬坎龍-甲卯入首　庚酉龍-丙午入首

丙午龍-庚酉入首　乾亥龍-坤申入首　坤申龍-乾亥入首

巽巳龍-寅艮入首　寅艮龍-巽巳入首

十五、入墓殺

子入首壬坐 丑入首癸坐 등 坐보다 入首가 一位前에 有한 것

十六、白虎殺

壬子癸龍-庚酉辛入首 甲卯乙龍-壬子癸入首 丑艮寅龍-戌乾亥入首
辰巽巳龍-丑艮寅入首 丙午乙龍-甲卯乙入首 庚酉辛龍-丙午丁入首
未坤申龍-辰巽巳入首 戌乾亥龍-未坤申入首
乾山-丁巳方水 坤山-亥卯方水 坎山-亥未方水 艮山-坤壬方水
兌山-戌方水 巽山-壬方水 離山-巳方水 卯山-申子辰方水

十七、沐浴坐(桃花殺)

癸丑艮寅甲卯破-丙午坐 乙辰巽巳丙午破-庚酉坐
丁未坤申庚酉破-壬子坐 辛戌乾亥壬子破-甲卯坐

十八、元辰殺

子坐-未方水　丑坐-午方水　寅坐-酉方水　卯坐-申方水
辰坐-亥方水　巳坐-戌方水　午坐-丑方水　未坐-子方水
申坐-卯方水　酉坐-寅方水　戌坐-巳方水　亥坐-辰方水

十九、黃泉水(忌去水)

庚丁向-坤方水　坤向-庚丁方水　甲癸向-艮方水　艮向-甲癸方水

乙丙向-巽方水　巽向-乙丙方水　辛壬向-乾方水　乾向-辛壬方水

二十、八曜水(得破를 皆忌)

坎山-辰方水　坤山-卯方水　辰山-申方水　艮山-寅方水

離山-亥方水　巽山-酉方水　乾山-午方水　兌山-巳方水

二十一、分金法

(坐를 定한뒤 分金法을 用한다)

乾亥坐 - 丁亥 辛亥分金
癸丑坐 - 丁丑 辛丑分金
甲卯坐 - 丁卯 辛卯分金
巽巳坐 - 丁巳 辛巳分金
丁未坐 - 丁未 辛未分金
庚酉坐 - 丁酉 辛酉分金

壬子坐 - 丙子 庚子分金
艮寅坐 - 丙寅 庚寅分金
乙辰坐 - 丙辰 庚辰分金
丙午坐 - 丙午 庚午分金
坤申坐 - 丙申 庚申分金
辛戌坐 - 丙戌 庚戌分金

二十二、殺人·屠宰局

甲寅入首-癸丑坐   巳丙入首-乙辰坐   庚申入首-丁未坐   壬亥入首-辛戌坐

二十三、風法 (풍법)

穴前凹風-貧窺敗絶 穴後凹風-夭亡 子孫不足 左方凹風-長房孤寡
右方凹風-少房이 敗絶夭亡 兩肩凹風-敗絶 兩足方의 凹風-敗産
◆ 艮方風은 風中의 最惡之風이니 龍과 水가 生旺하더라도 顚狂病이
有하고 여기에 元窺가 不通하면 敗絶한다.

二十四、四胎到星法 長孫絶亡 戊己殺

辛戌坤申龍庚兌坐 乾亥巽巳龍丙午坐
乙辰艮寅龍甲卯坐 癸丑戊己龍壬坎坐
長孫絶亡之地破

二十五、坐三殺

申子辰生 巳酉丑坐 巳酉丑生 寅卯辰坐

寅午戌生 亥卯未坐 亥子丑生 寅卯辰坐

巳午未生 申酉戌坐 亥子丑生 亥卯未坐

二十六、舊山生旺方二十四坐

乾甲丁坐는 巽巳方이 生方 庚酉方이 旺方

巽庚癸坐는 壬子方이 生方 坤申方이 旺方

亥卯未坐는 坤申方이 生方 壬子方이 旺方

巳酉丑坐는 甲卯方이 生方 乾亥方이 旺方

寅午戌坐는 庚酉方이 生方 巽巳方이 旺方

申子辰坐는 艮寅方이 生方 酉午方이 旺方

艮丙申坐는 酉午方이 生方 艮寅方이 旺方

坤壬乙坐는　　乾亥方이　生方　甲卯方이　旺方

二十七、四正坐法

子龍이 壬脚으로 行하여 乾亥脚으로 바뀌어 나가면 丑艮坐를 놓는다.

子龍이 癸脚을 끼고 丑艮脚으로 나오면 그 아래 穴을 찾아 乾亥坐를 定함.

子龍이 壬脚을 끼고 乾脚으로 行하면 그 아래 丑・艮・寅坐를 놓는다.

子龍이 癸脚을 끼고 艮脚으로 行하면 그 아래 乾・戌・亥坐를 놓는다.

子龍이 甲脚을 끼고 艮寅脚으로 나오면 그 아래 辰・巽・巳坐를 놓는다.

卯龍이 甲脚을 끼고 辰巽脚으로 나오면 그 아래 丑・艮・寅坐를 놓는다.

卯龍이 乙脚을 끼고 艮脚으로 나오면 그 아래 辰・巽・巳坐를 놓는다.

卯龍이 甲脚을 끼고 艮脚으로 나오면 그 아래 辰・巽・巳坐를 놓는다.

卯龍이 乙脚을 끼고 巽脚으로 나오면 그 아래 丑・艮・寅坐를 놓는다.

午龍이 丁脚을 끼고 坤脚으로 나오면 그 아래 乙辰巽坐를 놓는다.

午龍이 丙脚을 끼고 巽脚으로 나오면 그 아래 未・坤・申坐를 놓는다.

午龍이 丁脚을 끼고 未坤脚으로 나오면 그 아래에 巽巳坐를 놓는다.

二十八、入首定坐法

子入首-壬坐 癸入首-子坐 丑入首-癸坐 艮入首-丑坐 寅入首-艮坐 甲入首-寅坐 卯入首-甲坐 乙入首-卯坐 辰入首-乙坐 巽入首-辰坐 巳入首-巽坐 丙入首-巳坐 午入首-丙坐 丁入首-午坐 未入首-丁坐 坤入首-未坐 申入首-坤坐 庚入首-申坐 酉入首-庚坐 辛入首-酉坐 戌入首-辛坐 乾入首-戌坐 亥入首-乾坐 壬入首-亥坐

壬入首-子艮辛坐 子入首-艮坐 癸入首-艮坐 丑入首-甲乙坐
艮入首-癸壬坐 寅入首-艮坐 甲入首-艮乙坐 卯入首-甲乙癸坐
乙入首-艮卯坐 辰入首-艮巽坐 巽入首-乙巳坐 巳入首-巳坐
丙入首-甲乙巳坤坐 午入首-丙丁坐 丁入首-巳坤坐 未入首-巳
坤入首-丁坐 申入首-丁癸坐 庚入首-坤酉坐 酉入首-坤庚亥坐
辛入首-坤酉乾坐 戌入首-辛坐 乾入首-辛坐 亥入首-壬癸丑酉乾坐

二九、生屍와 消骨法

墓坐가 艮坐이고 乙辰方이 空하여 바람이 墓 封墳을 吹入하고 午方得水하고 乾亥方이 空하여 破水가 되면 屍體가 千年 썩지 않는다 이러하면 子孫에게 急殺風症 癎症病 弱死 狂症等病이 發生한다. 午坐에 坤申方風 子坐에 寅艮風 酉坐에 乾亥風 卯坐에 乙辰風은 그 方位에 가리운 山이 없으면 殺風이 더러오다 消骨 되고 白骨이 散在된다.

三十、論 墓內蛇와 蛛入法

墓(묘)에서 辰巳方(진사방)에 蛇角(사각)이 蛇頭(사두)처럼 되어서 墓(묘) 前面(전면)으로 朝對(조대)하면 墓內(묘내)에 入蛇(입사)한다 惑(감)은 辰巳方(진사방)에 天井(천정)이 有(유)하여도 入蛇(입사)한다. 甲坐墓(갑좌묘)로서 乾亥方(건해방)이 空(공)하고 用水(용수)가 橫流(횡류)하여

辰巳方(진사방)으로 破水(파수)되면 蛛(주)가 滿棺(만관)이 된다 卯坐(묘좌)에 申方水(신방수)가 朝對(조대)하면 入墓六年內長子又(입묘육년내장자우)는 長孫(장손)이 死亡(사망)한다.

第八章 二十四龍解設

一、乾 龍

乾(건)은 純陽(순양)이라 性品(성품)이 燥急(조급)하다. 이 乾(건)은 八卦(팔괘)의 首(수)라고 한다. 起祖(기조)가 卓立(탁립)하고 龍樓鳳閣(용루봉각) 같아야 하며 十二宮에 同宮(동궁)이라고 乾亥雙行(건해쌍행)을 하면 아주 凶(흉)한 것이다. 單行(단행)을 해야 한다. 單淸(단청)으로 過脈(과맥)을 하고 地局(지국)이 砂水(사수)까지 戰備(전비)해야 上格(상격)의 龍(용)이다. 主星(주성)이 高龍(고용)하여 貴(귀)하여 보이고 맑아야 한다.

二、亥 龍

亥(해)는 十月小雪(십월소설)의 節候(절후)요 太極太乙(태극태을)이 常居(상거)하고 木(목)의 長生位(장생위)다. 亥(해)도 過峽(과협)에서 出脈(출맥)하면서 單清單過(단청단과)하면서 束咽(속인)도 到頭(도두)도 單亥一字(단해일자)라야 한다. 二十四龍中(이십사용중)에서 다섯가지 龍(용)이 惟獨(유독) 雜(잡)한다고 한 龍難下(오용란하)라고 하는 것이 五龍中(오용중)에 亥龍(해용)이 乾(건)이나 壬(임)을 兼(겸)하여서 라면 陰陽(음양)이 相難(상란)하고 帶殺(대살)하는 것이다. 亥龍(해용)외에 辛龍(신용)이 酉(유)나 戌(술)을 兼(겸)하든가 午龍(오용)이 丙(병)이나 巳(사)를 兼(겸)하든가 震龍(진용)이 甲(갑)이나 乙(을)을 兼(겸)하든가 를 五龍(오용)으로서 先賢(선현)께 所忌(소기)한 것이다. 이 亥辛午巽震(해신오순진)의 五龍(오용)이 單清(단청)으로 過脈(과맥)을 하고 結穴(결혈)을 하면 發福(발복)이 更大(갱대)하고 悠久(유구)한 것이다.

三、 壬龍

壬(임)은 十一月大雪(십일월대설)의 節候(절후)다. 紫薇帝星(자미제성)의 座性(좌성)이요 四輔六相(사보육상)이 左右(좌우)를 輔佐(보좌)하니 吉龍(길용)이다. 其(기)요 四輔六相(사보육상)이 左右(좌우)를 輔佐(보좌)하니 吉龍(길용)이다. 其性(기성)이 北方(북방)의 陽水(양수)에 屬(속)한다. 亥(해)와 同行(동행)을 하면 帶煞(대살)을 하게 된다. 亥(해)는 猪(저)요 壬(임)은 離(리)가 納甲(납갑)을 하니 八煞(팔살)의 龍(용)이라고 한다. 乾龍(건용)에서 起祖(기조)하고 由坤入午(유곤입오)하고 結穴(결혈)을 하면 官居極品(관거극품)하고 富貴(부귀)한다.

四、 坎龍

坎(감)은 正北(정북)이며 水(수)의 旺位(왕위)며 冬至節候(동지절후)다. 九紫(구자)의 離(리)가 對照(대조)하고 八白(팔백)의 艮(간)과 六白(육백)의 乾(건)이 左右(좌우)에서 相互輔佐(상호보좌)하는 天帝成始(천제성시)의 宮(궁)이다. 坎龍

五. 癸龍

癸(계)는 北方(북방)의 陰水(음수)며 小寒(소한)의 節候(절후)다. 癸龍(계용)이 旋申(선신) 入辰(입진)하고 다시 乙(을)로 가서 出面(출면) 結穴(결혈)하면 英雄豪傑(영웅호걸)의 將帥(장수)가 난다. 癸龍(계용)이 旋申(선신)하고 起勢(기세)하고 坎(감)에서 出面結穴(출면결혈)을 하면 科甲富貴(과갑부귀)한다.

坎龍(감용)이 甲(갑)으로 轉(전)하고 다시 旋申 轉坎結穴(선신 전감결혈)하면 吉(길)하다. 坎龍(감용)이 飜身逆勢(번신역세)를 하고 旋申由午(선신유오)하고 回龍顧祖(회용고조)로 結穴(결혈)하면서 局勢(국세)가 端正(단정)하고 砂水(사수)가 秀麗(수려)하면 翰苑才名(한원재명)하고 日近天顏(일근천안)한다고 하나 或(혹)은 雙童(쌍동)이나, 六指(육지)의 子孫(자손)을 난다.

(감용)이 坤(곤)으로 轉(전)하여서 結穴(결혈)을 하면 上吉(상길)하다. 或(혹)

六、丑 龍

丑(축)은 東北(동북)에 居位(거위)하는 陰土(음토)며 大寒(대한)의 節候(절후)다. 金午(금오) 또는 斗午(두오)라고 한다.

癸丑雙行(계축쌍행)은 雜龍(잡용)이라 忌(기)한다. 兌(태)에서 起祖(기조)하고 入艮由震(입간유진)하고 結穴(결혈)하면는 文武全才之士(문무전재사)를 産(산)하여서 威鎭邊賣(위진변매)하다. 亥龍(해용)에서 起祖(기조)하고 入艮轉未(입간전미)하고 結穴(결혈)을 하면는 午羊(오양)으로 發財(발재)하여서 巨富(거부)가 된다.

七、艮 龍

艮(간)은 立春節候(입춘절후)다. 東北(동북)에 居位(거위)한다. 天市艮(천시간)은 宰相之位(재상지위)며 金貸之府(금대지부)라 政事(정사)를 酌量(작량)하며 賢良(현양)이 永受爵祿(영수작록)한다. 艮寅雙行(간인쌍행)은 八煞(팔살)의 凶龍

대천명 • 99

八、寅龍

寅(인)은 雨水(우수)의 節候(절후)다. 寅(인)은 天上(천상)의 箕星(기성)이며 後宮後妃之府(후궁후비지부)라고 한다. 寅(인)은 北斗(북두)의 天柱(천주)며 八白(팔백)의 艮(간)이 旁照(방조)하니 上吉(상길)의 龍(용)이다. 艮寅雙行(간인쌍행)은 八曜煞(팔요살)의 龍(용)이다. 乾龍(건용)에서 起祖(기조)하고 轉坎入乙(전감입을)에서 結穴(결혈)하면 顯官(현관)을 産(산)한다.

寅(인)은 陽木(양목)이며 火長生(화장생)의 位(위)다. 寅(인)은 貪狼(탐랑) 武曲(무곡)같은 形體(형체)가 高拱(고공)하고 그 蓋下(개하)에 木星體(목성체)로 出脈(출맥)하고 一伏一起(일복일기)하며 一灣一曲(일만일곡)하고 盤旋(반선)으로 到頭結穴(도두결혈)하면 上之上(상지상)의 吉龍(길용)이다. 卓拔(탁발)하게 起祖(기조)하고 華蓋(화개) 文筆(문필) 玉印(옥인) 紅龍(홍용)이다.

九、甲龍

甲(갑)은 東方(동방)의 陽木(양목)이요 六十甲子之首(육십갑자지수)며 仲春(중춘) 驚蟄節候(경칩절후)다。 甲(갑)이나 壬(임)의 墳塋(분영)에서 甲紗(갑사)가 明大(명대)하면 多子孫(다자손)한다。 乾龍(건용)에서 起祖(기조)하고 由坤轉乙(유곤전을)하고 正面(정면)으로 結穴(결혈)하면 少年及第(소년급제) 富貴(부귀)한다。

十、震龍

震(진)은 春分節候(춘분절후)다。 雷以動之(뇌이동지)하니 正春(정춘)이다。 萬物(만물)이 發生(발생)하고 天子休解之宮(천자휴해지궁)이며 后妃之府(후비지부)라고 한다。 震(진)은 布政之宮(포정지궁)이라 天子(천자)가 出乎震(출호진)하시니 其星(기성)이 明大(명대)하면 天下(천하)가 泰平(태평)하다。 火星廉貞(화성렴정)에서 起祖(기조)하고 四神(사신)이 拱峙(공치)하고 震穴(진혈)이 出面(출면)을

十一、乙龍

乙(을)은 淸明(청명)의 節候(절후)요 天干(천간)의 二數(이수)며 東方(동방)의 陰木(음목)에 屬(속)한다. 乙龍(을용)이 辰(진)이나 卯(묘)를 兼(겸)하면 八煞龍(팔살용)이다.

坤龍(곤용)에서 起祖(기조)하고 結穴(결혈)하며는 科甲名利(과갑명리)하다. 乾龍(건용)에서 入坎轉乙(입감전을)하고 結穴(결혈)하면 官居極品(관명리)하다.

하는 때에 庚水(경수)가 朝來(조래)하면 木生火(목생화)라고 木星貪狼(목성탐랑)에 起祖(기조)한 것만은 못하다. 甲卯(갑묘)나 卯乙(묘을)은 先賢(선현)의 忌(기)하는 것이다. 陰陽(음양)이 相乘(상승)하니 禍咎踵門(화구종문)이라고 吉人(길인)이 云(운)한 것은 卯龍(묘용)의 雙行(쌍행)이 아주 危險(위험)한 것을 말한 것이다. 巽水(손수)가 滔滔(도도)하게 走入(주입)을 하는 境遇(경우)에 震庚(진경)의 龍(용)에서 未向(미향)을 하며는 陰陽配合(음양배합)의 天地生成(천지생성)의 向(향)이라 福祿(복록)이 永貞(영정)하다.

十二、辰龍

辰(진)은 穀雨(곡우)의 節候(절후)다. 東南(동남)에 있는 陽土(양토)며 時令(시령)이 季春(계춘)이다. 辰星(진성)이 分明(분명)하면 鄕大夫(향대부)요 淸正(청정)하면 士庶人(사서인)이 樂業(악업)하며 加爵(가작)한다. 또는 辰(진)을 金龍(금룡)이라고 한다. 大槪(대개) 辰龍(진용)이 起祖(기조)를 하고 出脈(출맥)하며 踊躍(용약)하고 帳幕(장막)를 大開(대개)하고 起勢(기세)가 跌峽(질협)하고 大頓小伏(대돈소복)하고 數百里(수백리)를 行(행)하고서 結穴(결혈)하기도 하나 脈(맥)의 兩方(양방)에 開椏(개아)하는 分板(분판)의 數(수)가 적든지 많든지 꼭 그 椏(아)가 數十里(수십리)를 行(행)하고 結穴(결혈)하기도 하며 맥하며 數里(수리)를 行(행)하고 結穴(결혈)하기도 하며 거극품을 하고 主(주)로 女貴(여귀)하여 진다. 坤龍(곤룡)에서 辛山乙向(신산을향)을 하고 乙水(을수)가 朝來(조래)하면 催官第一(최관제일)이다. 壬龍(임룡)에서 入首(입수)를 하고 乙水(을수)가 來堂(래당)하면 當朝(당조)에 宰相(재상)이 된다.

있으며 入甲轉乾(입갑전건)을 하고 結穴(결혈)하면 壯元宰相(장원재상)을 낸다.
一般人(일반인)이 辰戌丑未(진술축미)의 龍(용)을 墓龍(묘용)이라고 不信(불신)하나 大都市(대도시)는 辰戌丑未(진술축미)의 四大龍下(사대용하)에 結地(결지)하는 것은 그 偉力(위력)을 가히 짐작할 수 있다.

十三、巽龍

巽(손)은 立夏節候(입하절후)다. 東南(동남)에 있는 一陰二陽(일음이양)의 東風(동풍)의 卦(괘)요 天乙星(천을성)이라고 하며 其星(기성)이 明大(명대)하면 貴人(귀인)이 나고 天下(천하)가 安泰(안태)하다. 一峰(일봉)이 獨出(독출)하든가 雙峰(쌍봉)이 拱峙(공치)하면서 卓立雲霄(탁립운소)하고 雙薦者(쌍천자)가 帳下(장하)의 貴人(귀인)같은가 蛾眉風輦(아미풍련)하든가 玉圭鏡臺(옥규경대) 같든가 하면서 出脈(출맥)이 布氣(포기)하고 行度過峽(행도과협)하든가 起伏屈曲(기복굴곡) 하고 盤旋結穴(반선결혈)하면 上吉(상길)의 眞龍(진용)이다. 辰(진)과 同行(동행(행)은 아주 凶(흉)하다. 巳(사)도 兼(겸)하면 巽癸(손계)의 八煞(팔살)이다. 이 것을 모르고 巽巳同行(손사동행)을 可取(가취)하면 護福(호복)하지 못하고 招禍(초화)하는 것이다.

十四、巳龍

巳(사)는 小滿(소만)의 節候(절후)요 東南(동남)에 居位(거위)하며 火(화)에 屬(속)하며 金長生(금장생)의 位(위)가 된다. 其星(기성)이 明大(명대)하면 天下(천하)가 安康(안강)하고 萬民(만민)이 和樂(화락)하고 風調雨順(풍조우순)을 하며 賢人(현인)이 疊出(첩출)한다. 卯龍(묘용)에서 起祖(기조)하고 由亥入艮(유해입간)을 하고 結穴(결혈)을 하면 科甲及第(과갑급제)하며 巨富之人(거부지인)을 産(산)한다. 艮龍(간용)에서 起祖(기조)하고 入亥轉卯(입해전묘)를 하고 結穴(결혈)을 하면 文步全才之人(문보전재지인)을 낳고 腰懸金印(요현금인)한다. 亥龍

(해용)에서 起祖(기조)하고 由艮入卯(유간입묘)하고 結穴(결혈)을 하면 富貴雙全(부귀쌍전)하고 田聯千萬(전련천만)하는 것이다.

十五、丙龍

丙(병)은 芒種(망종)의 節候(절후)요 南方(남방)의 陽火(양화)이며 天子之樂府(천자지락부)며 文物聲名之所(문물성명지소)라 徘唱嬉樂(배창희락)한다. 其星(기성)이 明大(명대)하면 君明臣賢(군명신현)하고서 禮樂(예락)이 興行(흥행)하고 四夷(사이)가 順從(순종)한다. 丙午同行(병오동행) 廉冽(렴열)의 火龍(화용)이라 火災(화재)가 난다. 巳(사)와 兼(겸)하면 아주 極貴(극귀)한 大富貴之人(대부지귀인)을 난다. 辛(신)에서 起祖(기조)를 하고서 酉亥入兌(유해입태)를 하고 다시 丁(정)으로 轉入(전입)하여서 結穴(결혈)을 하며는 富貴(부귀)하여 尙書待從(상서대종)이 난다.

十六、離 龍

午(오)는 夏節(하절)의 夏至(하지)요 正南(정남)이며 萬物(만물)이 茂盛(무성)하다. 離(이)는 文明之粹(문명지수)요 其星(기성)이 明大(명대)하면 天下(천하)가 大豊(대풍)이다. 坤龍(곤용)이 入坎(입감)하여서 向甲(향갑)을 하고 結穴出面(결혈출면)하면 翰苑才名(한원재명)하고 富貴雙全(부귀쌍전)한다. 艮(간)이 變(변)하여서 離(이)가 廉貞(렴정)이고 離(이)가 變(변)하여서 廉貞艮(렴정간)이라 丙午(병오)는 廉貞火龍(렴정화용)이라고 한다. 壬水(임수)가 丙火(병화)를 尅(극)하며 亥水(해수)가 尅午火(극오화)를 하는 故(고)로 亥壬二水(해임이수)야 丙午兼貞龍(병오렴정용)을 制化(제화)한다.

十七, 丁龍

丁(정)은 小署節候(소서절후)며 壽高(수고)의 老人星(노인성)이다. 그 星(성)이 明大(명대)하면 人壽年豊(인수년풍)하고 酒食(주식)이 滿庭(만정)하니 모두 昇平(승평)하다. 兌龍(태용)에서 起祖(기조)하고 酉亥入艮(유해입간)을 하고 結穴(결혈)하면 文武全才(문무전재)의 富貴(부귀)가 淸高(청고)한 孫(손)을 난다. 또는 王侯廟食(왕후묘식)하고 與國爲姻(여국위인)한다. 丙龍(병용)에서 起祖(기조)하고 由艮轉丁(유간전정)을 하고 結穴(결혈)을 하면 北斗翰苑(북두한원)의 才高(재고)한 貴官(귀궁)이 난다. 丁(정)이 酉轉丁(유전정)에서 艮(간)은 丙(병)이다 丙丁二砂(병정이사)가 起砂(기사)하였으니 赦文星(사문성) 或(혹)은 赦文砂(사문사)라 한다. 丙水(병수)가 朝丁(조정)하든가 丁水(정수)가 朝丙(조병)하는 것을 赦文水(사문수)라고 하며 犯罪(범죄)하더라도 卽赦(즉사)한다.

十八、未 龍

未(미)는 大署(대서)의 節候(절후)요 天星日金羊(천성일금양)이다. 未(미)는 天下土子之陰德(천하토자지음덕)이니 其星(기성)이 明明(명명)하면 每日德行(매일덕행)을 한다. 未坤雙行(미곤쌍행)은 不可(불가)하다. 卯龍(묘용)이 入穴(입혈)하는 때 甲山庚向(갑산경향)을 하고 未水(미수)가 上堂(상당)하면 雷擊以興(뇌격이흥)하고 未水去(미수거)하면 雷擊以敗(뇌격이패)한다.

十九、坤 龍

坤(곤)은 立秋(입추)의 節候(절후)요 坤(곤)은 牝馬之性貞(빈마지성정)이요 柔順(유순)하다. 坤龍(곤용)은 卓拔(탁발)한 것이 如旗(여기) 如圭(여규) 如貴人(여귀인) 如御屛(여어병) 如玉堂(여옥당) 如筍(여순)같이 起伏盤旋(기복반선)하며 到頭(도두)하는 것이 吉(길)하다. 未坤同行(미곤동행)은 帶煞(대살)한다. 坤龍(곤

二十、申 龍

申(신)은 處暑節候(처서절후)다. 其星(기성)이 明丁(명정)하면 雨順風調(우순풍조)하여서 五穀(오곡)이 豊盛(풍성)하고 文名(문명)이 昌盛(창성)하고 賢集詩書(현집시서)한다. 申(신)은 水土(수토)의 長生位(장생위)가 된다. 申庚同行(신경동행)은 不可(불가)하다. 坤申雙行(곤신쌍행)이 眞正(진정)한 出脈(출맥)이며 由龍(용)의 行度(행도)가 眞正無偏(진정무편)하고 一峰(일봉)은 높고 一峰(일봉)이 低小(저소)하였다면 父子兄弟叔侄(부자형제숙질)이 同朝(동조)한다. 金星體(금성체)로 結穴(결혈)하면 科甲富厚(과갑부후)하고 木星結穴者(목성결혈자)는 翰苑才名(한원재명)하고 尙書侍讀(상서시독)하고 水星(수성)으로 結穴(결혈)하면 淸才秀土(청재수토)하고 詩書(시서)가 滿箱(만상)하다. 火星(화성)에서 如旗結穴(여기결혈)하면 女帥男將(여수남장)하고 如火星尖而利者(여화성첨이이자)는 出壯元(출장원)하고 土星(토성)에 結穴(결혈)하면 巨富(거부)가 된다.

二十一、庚龍

庚(경)은 白露節候(백로절후)요 西方(유방)의 陽金(양금)은 震(진)이 納甲(납갑)을 한다. 其形(기형)이 如鼎(여정)하니 參軍之令(참군지령)이요 行軍(행군)의 藏府(장부)라고 한다. 其星(기성)이 明明(명명)하면 五殺(오살)이 熟萬(숙만)한 다. 庚龍(경용)이 起祖(기조)고 出兌入丁(출태입정)하여서 震向兌坐(진향태좌)가 되면 威武權謀(위무권모)의 士(토)와 忠龍之人(충용지인)을 낸다. 亥龍(해용)에

乾(유건)하고 結穴(결혈)하며는 大富大貴之人(대부대귀지인)을 난다. 卯龍(묘용)에서 申水(신수)가 來(래)하는 境遇(경우)에 꼭 申向(신향)을 하면 化煞生權(화살생권)을 하니 爲官(위궁)하나 萬苦(만고) 別向(별향)을 하면 絶嗣(절사)한다. 무릇 來龍(래용)이 帶煞(대살)을 하였을 때 八煞龍(팔살용)이며는 八煞(팔살)의 向(향)을 하는 것이 化煞生權(화살생권)이다. 이 때에 來去水(래거수)가 不合(불합)하며는 入向(입향)을 말아야 한다.

二十二、兌龍

兌(태)는 秋分(화분)의 節候(절후)요 機樞之府(기추지부)라고 한다. 河洛四龍之貴龍(하락사용지귀용)이며 陽關所居之司(양관소거지사)요 兌龍(태용)에서 起祖(기조) 由亥入卯(유해입묘)를 하며 骨脈(골맥)이 分明(분명)하고 地局(지국)이 端正(단정)하고 砂水(사수)가 全備(전비)하였다 하며는 文武全才之士(문무전재지사)와 英雄橫覇之子(영웅횡패지자)를 낸다. 丁龍(정용)에서 起祖(기조)하고 轉卯入丙(전묘입병)을 하고 單淸(단청)으로 過峽(과협)하고 出面結穴(출면결혈)하면 서 起祖(기조) 翰苑(한원) 才名(재명) 台省之貴(태성지귀)가 난다. 巽龍(손용)에서 起祖(기조)를 하고 庚砂(경사)가 高供(고공)하고 結穴(결혈)을 하면 爲官(위관)하며 淸正(청정)하고 或(혹)은 理學名士(이학명사)가 난다. 壬龍(임용)에서 午向(오향)을 하고 庚砂(경사)가 高聳(고용)하면 有名(유명)한 强盜(강도)가 난다. 起祖(기조) 酉艮入兌(유간입태)를 하고 出丙結穴(출병결혈)을 하면 科甲(과갑)

二十三、辛 龍

辛(신)은 寒露(한로)의 節候(절후)다.

辛龍(신용)의 圖書之府(도서지부)며 太乙星(태을성)이라고 하며 文章之府(문장지부)에서도 主(주)로 圖書之府(도서지부)며 天之廚藏(천지주장)이며 五穀之倉(오곡지창)이다. 辛龍(신용)이 單淸過脈(단정과맥)하고 戌(술)을 兼(겸)하면 八煞(팔살)의 龍(용)이다.

하면 上吉(상길)의 龍(용)이다.

辛龍(신용) 起祖(기조)하고 由丙入亥(유병입해)하고 向艮結穴(향간결혈)하면 壯元魁首(장원괴수)가 난다.

坤龍(곤용)에서 出脈(출맥)하고 轉艮結穴(전간결혈)하면 科甲文秀(과갑문수)하고 大貴之人(대귀지인)이 난다.

坤龍(곤용)이 起祖(기조)하고 酉巽結穴(유손결혈)하면 大富(대부)하고 男(남)은 得貴女(득귀녀)하고 女(여)

는 富中(부중)에서 또 出貴(출귀)한다. 丙龍(병용)이 起祖(기조)하고 酉丁入艮(유정입간)하여서 出面結穴(출면결혈)을 하면 靑龍白虎(청용백호)가 抱衛(포위)하는 것이며 官居極品(관거극품)하고 位列三公(위열삼공)이 난다.

二十四、戌龍

戌(술)은 霜降(상강)의 節候(절후)요 文庫(문고)가 上應(상응)하니 爲文章之府(위문장지부)며 天下之士(천하지사)가 俱在其中(구재기중)하니 戌河魁(술하괴)는 天下之首(천하지수)요 一名文魁(일명문괴)라고 하니 文章之府(문장지부)다. 其星(기성)이 明(명)하면 郊杞得禮(교비득례)하고 文人(문인)이 治世(치세)하며 天子(천자)가 加福(가복)하시니 天下(천하)가 泰平(태평)하며 臣慶豊年(신경풍년)한다. 戌龍(술용)의 起祖(기조)한 骨脈(골맥)이 分明(분명)하고 地局(지국)이 端正(단정)하며 四砂(사사)가 全備(전비)하면 上吉(상길)의 龍(용)이라 理學(이학) 名士(명사) 忠賢(충현) 孝子(효자)가 난다. 乾龍(건용)에서 起祖(기조)하고 入坤轉

는 得貴男(득귀남)한다. 卯龍(묘용)에서 起祖(기조)하고 轉亥入庚(전해입경)하고 富貴雙世(부귀쌍세)한다. 結穴(결혈)하면 富貴雙全(부귀쌍전)하면 名播華夷(명파화이)하고 富貴雙

乙(입곤전)을 하고 結穴(결혈)하면 貴秀富足(귀수부족)한다. 離龍(이용)이 由坎入乙(유감입을)을 하고 結穴(결혈)을 하면 巨富(거부)가 난다. 戌龍(술용)에서 天下(천하)의 人文高才(인문고재)의 極學(극학)과 巨富(거부)가 난다. 戌龍(술용)에서 天下의 人文高才의 極學과 巨富가 나는 것을 모르고 그 어찌 地理를 안다고 하리요?? 世人(세인)이 亥龍(해용)을 天皇龍(천황용)이라고 하며 丙向壬坐(병향임좌)를 하고 寅水(인수)가 破局(파국)하는 것을 모르면 風疾家敗(풍질가패)한다. 戌龍(술용)은 天星(천성)의 吉氣(길기)라 그 行度過脈(행도과맥)이 非大(비대)하며 乾龍(건용)은 적고 支龍(지용)이 많은 故(고)로 戌龍(술용)을 墓龍(묘용)이라고 하며 不吉(불길)한 凶龍(흉용)이라고만 하며 聖人(성인)을 내는 理致(이치)를 모르더라.

二十五、砂格

◈ 窺山

申方(신방) = 三峰(삼봉)이 有則發福(유즉발복) • 酉方(유방) - 凶(흉) • 戌方(술방) - 長男(장남)이 賊(적) • 艮方(간방) - 憂苦(우고) • 寅方(인방) - 刑獄(형옥) • 巳午未方(사오이방) - 子孫獄死(자손옥사) • 卯巽方(묘손방) - 家有惡疾(가유악질) • 辛方(신방) - 盜難(도난) • 乾方(건방) - 病(병) • 子丑方(자축방) - 失物(실물) • 丁方(정방) - 文章出(문장출) • 午未方(오미방) - 賢入出亥方(현입출해방) - 富貴(부귀) • 辰戌丑未方(진술을미방) - 賊入出(적입출) • 寅申巳亥方(인신사해방) - 巫女出(무녀출) • 主山外窺山(규산외규산) - 子孫亡(자손망) • 白虎外窺山(백호외규산) - 盲人(맹인) • 淫人出(음인출) • 青龍外窺山(청용외규산) - 子孫不多(자손부다) • 案山(안산)너머 窺山(규산) - 天祿進來(천록진래)라.

二十六、納音五行

甲子乙丑(海中金)　丙寅丁卯(爐中火)　戊辰己巳(大林木)　庚午辛未(路傍土)

壬申癸酉(劍鋒金)　甲戌乙亥(山頭火)　丙子丁丑(澗下水)　戊寅己卯(城頭土)

庚辰辛巳(白納金)　壬午癸未(楊柳木)　甲申乙酉(泉中水)　丙戌丁亥(屋上土)

戊子己丑(霹靂火)　庚寅辛卯(松柏木)　壬辰癸巳(長流水)　甲午乙未(沙中金)

丙申丁酉(山下火)　戊戌己亥(平地木)　庚子辛丑(壁上土)　壬寅癸卯(金箔金)

甲辰乙巳(覆燈火)　丙午丁未(天河水)　戊申己酉(大驛土)　庚戌辛亥(劍釧金)

壬子癸丑(桑柘木)　甲寅乙卯(大溪水)　丙辰丁巳(沙中土)　戊午己未(天上火)

庚申辛酉(石榴木)　壬戌癸亥(大海水)

第九章 生死龍穴法

	辛戌乾亥 壬子水口	丁 坤 未 酉 丁 庚 申	乙 巽 辰 午 巳 丙	癸 艮 丑 卯 癸 甲 寅
癸丑八首衰龍		帶龍	養龍	葬龍
艮寅八首旺龍		浴龍	胎龍	死龍
甲卯八首官龍		生龍	絶龍	病龍
乙辰八首浴龍		養龍	葬龍	衰龍
巽巳八首帶龍		胎龍	死龍	旺龍
丙午八首養龍		絶龍	病龍	官龍
丁未八首生龍		葬龍	衰龍	帶龍
坤申八首胞龍		死龍	旺龍	浴龍
庚酉八首葬龍		病龍	官龍	生龍
辛戌八首死龍		衰龍	帶龍	養龍
乾亥八首旺龍		旺龍	浴龍	胎龍
壬子八首病龍		官龍	生龍	絶龍

一、向上胞胎法(手掌圖로 水口 보는 法)

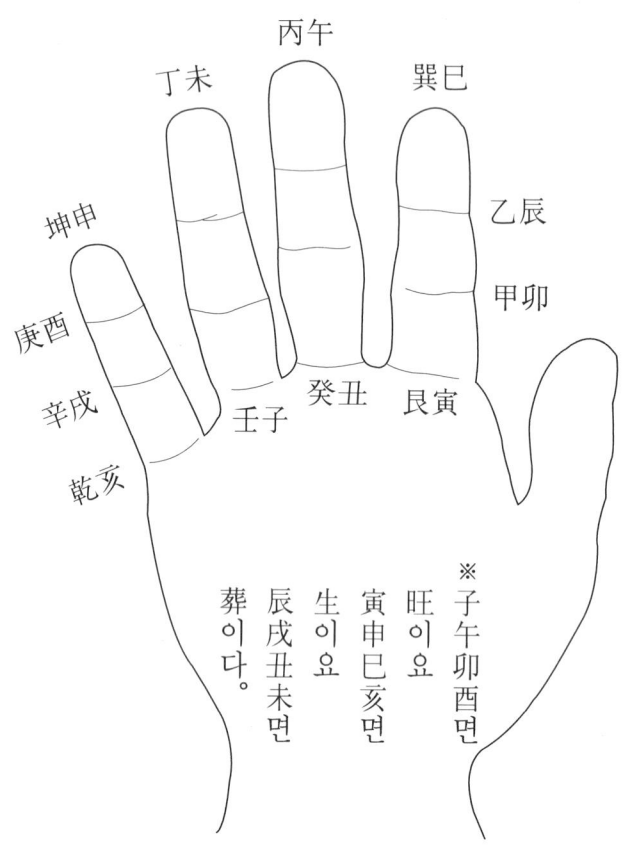

※ 子午卯酉면
　 旺이요
　 寅申巳亥면
　 生이요
　 辰戌丑未면
　 葬이다.

※ 辛戌 乾亥 壬子 水口 순으로 짚어 나간다.
즉, 辛戌乾亥壬子水口이면 庚酉가 胞가 되는 것이다.

二、艮寅坐水口法　雙雙水口法　雙山五行法

壬子	乾亥	辛戌	庚酉	坤申	丁未	丙午	巽巳	乙辰	甲卯	艮寅	癸丑	
△△	××	××	○○	○○	○○○	△△	○○	××	××	××	××	艮寅坐水口
△×	××	○○	△△	××	××	○△	××	×△	△△	△△	○○	甲卯坐水口
△△	○○	△△	××	○○	△△	××	××	○○	○○	××	××	乙辰坐水口
○○	△○	○○	××	△△	××	××	××	××	△△	××	××	巽巳坐水口
△△	××	××	○○	××	△△	○○	○○	△△	○○	××	○×	丙午坐水口
△×	○○	○○	△○	××	××	××	△△	××	××	○△	△○	丁未坐水口
△△	△△	××	○○	△△	△△	××	××	○○	○○	△○	○△	坤申坐水口
○△	××	△×	○△	△△	○○	△△	×○	△△	×△	××△	××	庚酉坐水口
×△	△△	××	××	△△	×△	○△	△△	△×	×△	○○	××	辛戌坐水口
××	××	××	△×	××	○△	○○	○○○	△△	△△	○○	○○	乾亥坐水口
△×○	○○○	○○×	×××	○△×	××	○○×	××○	×××	△△○	×××	×××	壬子坐水口
○○	××	○△	○○	××	○○	△×	○×	×△	××	××	××	癸丑坐水口

三、取土吉方

子午年月-申方　丑未年月-戌方　寅年-子方　卯年-巳方　辰年-卯辰方
巳申年-午方　　酉年月-未方　　戌年月-酉方　亥年月-午方

四、眞太陰定局

太陰은 月로서 后妃의 象이다。 이것 역시 太陰이 運行함으로서 月과 日字에 따라 各 坐山에 照하는 바, 능히 天地의 諸凶殺을 制伏하는 날로 移葬・建屋과 百事에 吉하며, 더우기 九狼星과 小兒의 諸殺 및 諸家 火星을 制伏한다。

가령 正月 1・2・3日의 三日間은 壬子山에 太陰이 照하고, 4・5日은 乾亥山에 照하며, 6・7日은 辛戌山, 8・9・10日은 庚酉山에 太陰이 照한다。 또 2月이라면 26・27・28日의 三日間은 壬子山에 太陰이 照하고, 1・2日은 乾亥山에, 3・4日은 辛戌山에 5・6・7・3日間은 庚酉山에 太陰

이 照한다. 그 밖의 모든 坐山의 眞太陰이 照함도 이와 같은 例에 依하여 보는 것이다.

月別	壬子山	乾亥山	辛戌山	庚酉山	坤申山	丁未山	丙午山	巽巳山	乙辰山	甲卯山	艮寅山	癸丑山
正月	三二一	五四	七六	九八	一〇	二一	七六五	九八	二一〇	四三二一	七六五	二八七
二月	二二二八七六	二一八七六	四三二一	七六五	九八	一一〇	四三二一	六五	八七	二一〇九	五四三二	二二五四
三月	二二二六五四	二二一八七六	二一	五四三	七六	九八	九八	四三二一	六五	八七	二一〇九七八七	三二一
四月	二二二三二一	二二一八七六	二二一	五四	七六	一〇	九八	一〇	四三二一	七六五	九八	二一〇
五月	二一〇九	三二一〇	五四三二	六五四	八七六	一〇	四三	九八	一一〇	四三二一〇	六五四三	八七
六月	一〇九八七	三二一〇	五四三二	八七六五	一〇	三二	五四	九八七六	一一〇	一〇	四三二一	六五
七月	一〇九八七六五	三二一〇	四三二一	八七六五	二一	四三	八七六五	九八七六	二二一	〇	一〇九八	四三二一
八月	四三二一	七六五四	九八七六	一〇	二一〇九	四三	八七六五	二一	三二一	〇	九八	一〇
九月	三二一〇	四三二一	六五四三	九八七六五	二一〇九	四三二一	六五四三	二二一	三二一	〇	九八七六	九
十月	九八	二一〇	四三二一	六五	九八七六五	四三二一	六五四三	三二一〇	八七六五	三二一	五四	七六
十一月	九八七六五	九八	二一〇	四三二一	九八七六五	二一〇	四三二一	五四三二	八七六五	三二一	〇	四三二一
十二月	五四三	八七六五	九八	一〇	一〇	二一	六五	九八	一〇九	三二一〇	八七六五	二一

五、動塚運

壬子癸丑丙午丁未坐는 子午卯酉年은 小運
辰戌丑未年은 大運 寅申巳亥年은 中傷

艮寅甲卯坤申庚酉坐는 寅申巳亥坐은 小運
子午卯酉年은 大運 辰戌丑未年은 中傷

乙辰巽巳辛戌乾亥坐는 辰戌丑未年은 小運
寅申巳亥年은 大運 子午卯酉年은 中傷

第十章 擇日法 및 공통적 部門

一、安葬・修墓 破墓法

○ 逐月安葬吉日

正月、丙寅 壬午 丙午 癸酉 乙酉 己酉
二月、丙寅 庚寅 壬申 甲申 丙申 己未
三月、壬申 丙申 甲申 癸酉 丁酉 壬午 庚午 庚申 辛酉
四月、乙酉 丁酉 己酉 壬午 丙午 甲午 乙丑 丁丑 己丑
五月、甲申 丙申 壬申 癸酉 辛酉 庚午 甲午 庚辰 甲辰
六月、甲申 丙申 壬申 甲寅 壬寅 辛味 甲戌 庚辰
六月、製油 乙酉 壬午 丙午 甲申 丙申 戊申 庚申 乙亥 壬寅 甲寅 庚寅 辛卯
乙未 乙亥
七月、癸酉 乙酉 丁酉 己酉 丙子 壬午 丙午 丙辰 甲申 丙申

八月、 壬申 甲申 丙申 庚申 壬寅 庚寅 壬辰 丙辰 己巳 乙巳 丁巳 癸酉 辛酉

九月、 壬午 丙午 戊午 丙寅 庚寅 壬寅 甲戌 辛亥

十月、 甲子 丙子 庚子 壬子 甲午 丙午 丙寅 庚寅 甲辰 丙辰 壬辰 辛味 乙未 癸酉

十一月、 庚寅 壬寅 甲寅 壬申 甲申 丙申 庚申 丙辰 甲辰 壬辰 壬子

十二月、 壬申 甲申 丙申 庚申 丙寅 戊寅 庚寅 壬寅 甲寅 癸酉 乙酉

二、 動土吉日

吉日＝甲子、癸酉、戊寅、己卯、庚辰、辛巳、甲申、丙戌、甲午、丙申、戊戌、己亥、庚子、甲辰、丙午、丁未、癸丑、戊午、庚午、辛未、丙辰、丁巳、辛酉

三、 天上天下 大空亡日（破屋・動土、賣買・祭祀）

甲戌、甲申、甲午、乙丑、乙亥、乙酉、壬辰、壬寅、壬子、癸未、癸巳、癸卯

四、 母倉上吉日（집、창고짓고 百事吉）

春(봄)-亥子日, 夏(여름)-寅卯日,
秋(가을)-辰戌丑未日、冬(겨울)-申酉日

五、 天地皆空日

戊戌、己亥、庚子、庚申

六、四時凶神(四廢-백사흉)

春(봄)-庚申・辛酉日, 夏(여름)-壬子・癸亥日
秋(가을)-甲寅・乙卯日, 冬(겨울)-丙午・丁巳日

七、天下滅亡日

正・五・九月 丑日、二・六・十月 辰日、三・七・十一月 未日、四・八・十二月 戌日

八、祈福吉日

다음 祈福日에 宅이나 모든 神位에 고사를 지내면 효험이 있다.

吉日=壬申、乙亥、丙子、丁丑、壬午、癸未、丁亥、己丑、辛卯、壬辰、甲午、

乙未、丁酉、壬子、甲辰、戊申、乙卯、丙辰、戊午、壬戌、癸亥

九、佛供吉日

다음 日辰에 佛供을 드리면 만사 형통하게 된다.

吉日 = 甲子、甲戌、甲午、甲寅、乙丑、乙酉、丙寅、丙申、丙辰、丁未、戊寅、戊子、己丑、庚午、辛卯、辛酉、癸卯、癸丑

十、山祭吉日

吉日 = 甲子、乙酉、乙亥、乙卯、丙子、丙戌、庚戌、辛卯、(山神下降日) ~ 甲子、甲戌、甲午、甲寅、乙丑、乙亥、乙未、乙卯、丁卯、丁亥、戊辰、己巳、己酉、庚辰、庚戌、辛卯、辛亥、壬寅、癸卯

十一、祭水神日

다음 날 강이나, 바다 및 龍王에 祭祀하면 吉하다.

吉日＝庚午、辛未、壬申、癸酉、甲戌、庚子、辛酉、除·滿·執·成·開日

十二、地神下降日

吉日＝매월 三日、七日、十五日、二十二日、二十六日

十三、百忌日

甲不開倉(갑불개창)＝甲日(갑일)이 드는 날은 창고를 열어 재물이나 곡식을 出納(출납)하지 않는다.

(이는 天干(천간)과 支地(지리)에 각각 忌(기)하는 날이 있는 것이다)

乙不栽植(을불재식) = 乙日(을일)이 드는 날을 씨앗을 뿌리거나, 나무를 심지 않는다.

丙不修鋤(병불수조) = 丙日(병일)이 드는 날을 조왕(부뚜막)을 만들거나, 수리하지 않는다.

丁不剃頭(정불체두) = 丁日(정일)이 드는 날을 머리를 깎거나, 감거나 빗질을 않는다.

戊不受田(무불수전) = 戊日(술일)이 드는 날은 田畓(전답) 및 土地(토지)를 인수 받지 않는다.

己不破券(기불파권) = 己日(기일)이 드는 날은 文書(문서) 혹은 册子(책자)를 없애거나 불사르지 않는다.

庚不經絡(경불경락) = 庚日(경일)이 드는 날은 急所(급소)에 針(침)을 놓지 않는다.

辛不合醬(신불합장) = 辛日(신일)이 드는 날은 간장 등을 담그지 않는다.

壬不決水(임불결수) = 壬日(임일)이 드는 날은 물길을 막거나, 물길을 돌려 놓지 않는다.

대천명 • 133

癸不詞訟(계불사송) = 癸日(계일)이 드는 날은 訴狀(소장)을 내거나, 시비를 가리지 않는다.

子不問卜(자불문복) = 子日(자일)이 드는 날은 吉凶(길흉)을 묻거나, 占(점)을 치지 않는다.

丑不冠帶(축불관대) = 丑日(축일)이 드는 날은 冠禮服(관례복)을 입지 않는다.

寅不祭祀(임불제사) = 寅日(인일)이 드는 날은 祈福(기복)이나, 祭祀(제사)를 지내지 않는다.

卯不穿井(묘불천정) = 卯日(묘일)이 드는 날은 우물이나, 구덩이를 파지 않는다.

辰不哭泣(진불곡읍) = 辰日(진일)이 드는 날은 哭聲(곡성)을 내지 않는다.

巳不遠行(사불원행) = 巳日(사일)이 드는 날은 먼길을 出行(출행)하지 않는다.

午不苦蓋(오불고개) = 午日(오일)이 드는 날은 지붕을 덮지 않는다.

未不服藥(미불복약) = 未日(미일)이 드는 날은 약을 服用(복용)하지 않는다.

申不安床(신불안상) = 申日(신일)이 드는 날은 평상을 만들거나 설치하지 않는다.

酉不會客(유불회객) = 酉日(유일)이 드는 날은 賓客(빈객)을 모시지 않는다.

戌不乞狗(술불걸구)＝戌日(술일)이 드는 날은 개를 얻거나、사서 집안에 들이지 않는다.

亥不嫁娶(해불가취)＝亥日(해일)이 드는 날은 約婚式(약혼식)이나、結婚(결혼)을 하지 않는다.

十四、伐木日

己巳(기사)・庚午(경오)・辛未(신미)・壬申(임신)・乙亥(을해)・戊寅(무인)・己卯(기묘)・壬午(임오)・甲申(갑신)・乙酉(을유)・戊子(무자)・甲午(갑오)・乙未(을미)・丙申(병신)・壬寅(임인)・丙午(병오)・丁未(정미)・戊申(무신)・己酉(기유)・甲寅(갑인)・乙卯(을묘)・己未(기미)・庚申(경신)・辛酉(신유)

十五、

配 置 表

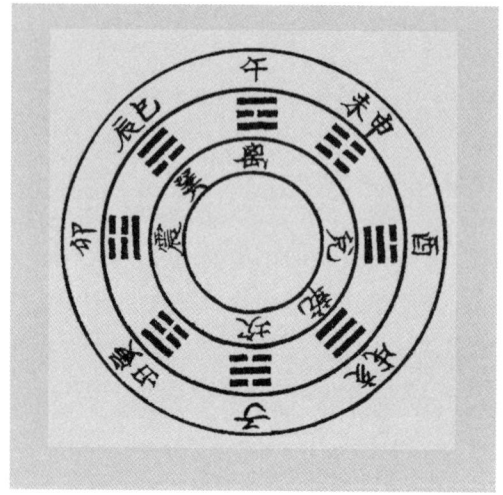

十六、

巽下絶 ☴	离虛中 ☲ 午	坤三絶 ☷ 未申
辰巳		
震下連 ☳ 卯		兌上絶 ☱ 酉
艮上連 ☶ 丑寅	坎中連 ☵ 子	乾三連 ☰ 戌亥

十七、八卦 만드는 法

다음은 生氣를 붙이는 요령이므로, 자주 연습하여 숙달해 둘 필요가 있다.

一 上生氣(상생기) : 拇指에 食指를 그림①과 같이 붙인다.
二 中天宣(중천의) : 母指에 食指와 中指를 그림②와 같이 붙인다.
三 下絶體(하절체) : 二中天宣에서 無名指까지 함께 구부려 붙인다. (그림③ 참조)
四 中游魂(중유혼) : 그림③의 모양에서 中指만을 떼어 그림④와 같이 한다.
五 上禍害(상화해) : 그림④의 모양에서 食指를 떼어 그림⑤와 같이 한다.
六 中福德(중복덕) : 그림⑤의 모양에서 다시 中指를 구부려 그림⑥과 같이 한다.
七 下絶命(하절명) : 그림⑥의 모양에서 無名指를 떼어 그림⑦과 같이 한다.
八 中歸魂(중귀혼) : 그림⑦의 모양에서 中指를 떼어 그림⑧과 같이 한다.

十八、生 氣 福 德

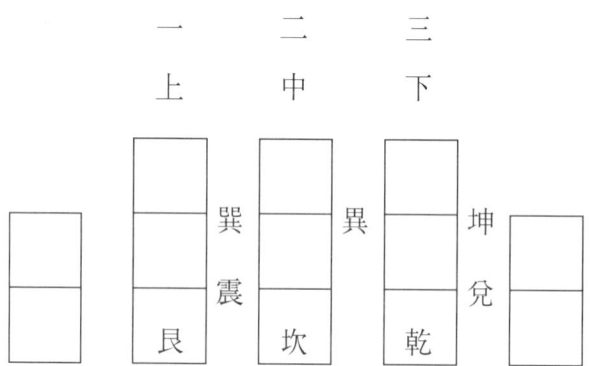

※ 乾 坎 艮 순으로 짚어 나간다
※ 男子는 시계방향으로 女子는 시계반대 방향으로 십, 이십 순으로 하고 홀수는 칸칸이 짚어나간다.

戌亥 , 乾三連　　子　 , 坎中連
丑寅 , 艮上連
卯　 , 震下連　　辰巳 , 巽下絶
午　 , 巽虛中　　未申 , 坤三絶
酉　 , 兌上絶

十九、八卦

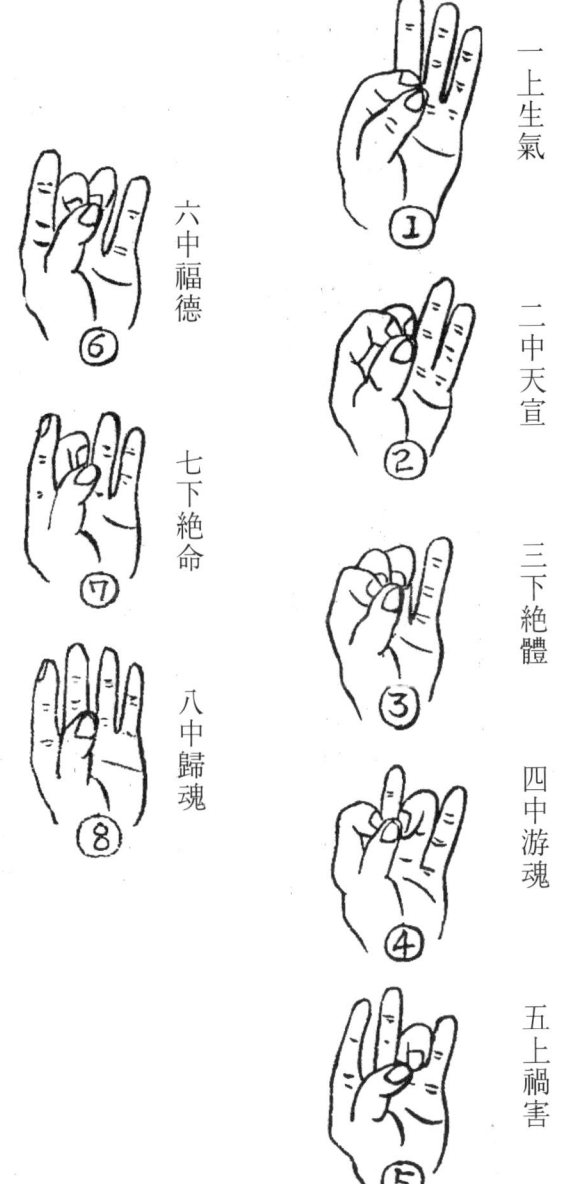

一上生氣 ①

二中天宣 ②

三下絶體 ③

四中游魂 ④

五上禍害 ⑤

六中福德 ⑥

七下絶命 ⑦

八中歸魂 ⑧

第十一章 萬年圖

一、萬年圖

이 萬年圖는 新山의 坐를 정하여 그 坐의 山運의 吉凶을 보는 것이다.

坐/年	子坐	癸坐	丑坐	艮坐	寅坐	甲坐	卯坐	乙坐	辰坐	巽坐
甲子	年克	向殺年克	年克	陰府	年克	年克	炙退	大利	地官年克	陰府年克
乙丑	炙退	浮天	傍陰	年克	三殺	坐殺	三殺年克	坐殺	三殺	大利
丙寅	陰府三殺	坐殺方陰府	三殺	年克	小利	大利	年克	大利	方陰	大利
丁卯	小利	小利	小利	大利	天官方陰	向殺方陰	小利	向殺年克陰府	小利	大利
戊辰	年克	向殺年克	年克	大利	年克	年克	炙退年克陰府	方陰	年克	年克
己巳	大利	坐殺	大利	陰府年克	三殺	坐殺	三殺年克	坐殺	三殺	陰府
庚午	炙退	方陰	三殺方陰	大利	大利	大利	小利	大利	小利	大利
辛未	陰府地官	方陰年克	歲破年克	大利	天官年克	向殺年克方陰	小利	向殺	方陰年克	年克
壬申	向殺	坐殺歲破	歲破方陰	大利	浮天方陰	方陰	炙退	大利	小利	小利
癸酉	炙退	地官	小利	小利	三殺	坐殺	三殺歲破陰府	坐殺天方陰浮	三殺	大利

壬坐	亥坐	乾坐	戌坐	辛坐	酉坐	庚坐	申坐	坤坐	未坐	丁坐	午坐	丙坐	巳坐
浮天向殺	天官	小利	年克方陰	小利	年克	年克	年克	年克三殺	三殺	歲破三殺	坐殺方陰歲破	坐殺方陰	三殺
方陰	大利	陰府	小利	陰府	向殺	天官	大利	歲破	方陰	小利	大利	大利	年克方陰地官
坐殺	三殺	大利	浮天	炙退	大利	歲破方陰	陰府	小利	向殺	地官	向殺	浮天	天官
年克	小利	陰府	方陰歲破	坐殺	三殺歲破	坐殺浮天	三殺	大利	大利	炙退年克陰府	年克	年克	大利
向殺	天官方陰	大利	歲破年克	年克	小利	年克地官	年克地官浮天	年克陰府三殺	坐殺	三殺	坐殺	三殺	年克
大利	歲破	浮天	小利	方陰	地官	向殺	天官	大利	大利	小利	方陰	方陰	天官方陰
方陰坐殺	三殺年克	陰府年克	地官	大利	炙退陰府年克	小利	小利	大利	大利	向殺方陰	向殺	向殺	大利
大利	地官	小利	小利	三殺年克	三殺坐殺方陰	小利	年克三殺方陰	陰府	年克	大利	炙退	浮天	三殺
向殺	天官	陰府	三殺年克	坐殺年克	三殺年克至後不利	坐殺方陰	坐殺方陰	陰府	坐殺	坐殺陰府	三殺陰府	坐殺	大利
大利	方陰年克	年克	大利	大利	向殺	向殺	大利	天官	方陰	陰府	方陰	大利	大利

年＼坐	子坐	癸坐	丑坐	艮坐	寅坐	甲坐	卯坐	乙坐	辰坐	巽坐	巳坐	丙坐	午坐
甲戌	三殺	坐殺	三殺	陰府	地官	大利	小利	大利	歲破	陰府	天官	向殺 方陰	小利
乙亥	年克	年克	方陰 年克	小利	向殺 年克	天官 年克	向殺 地官	年克	年克	方陰 歲破	歲破 方陰	方陰 大利	炙退 大利
丙子	陰府	陰府	小利	大利	小利	大利	炙退	大利	大利	大利	三殺 坐殺 地官	坐殺 大利	歲破 三殺 陰府
丁丑	年克	年克	年克	大利	坐殺 年克	三殺	炙退	坐殺	年克	年克	地官	大利	陰府
戊寅	三殺	三殺	大利	陰府	三殺	大利	陰府	年克	大利	大利	天官	向殺 年克	年克 地官
己卯	小利	小利	方陰	大利	小利	向殺	大利	大利	大利	大利	大利	方陰	炙退 方陰
庚辰	小利	陰府	方陰	年克	大利	三殺	坐殺	年克	小利	大利	三殺 坐殺 年克方陰	坐殺	三殺 坐殺
辛巳	炙退 三殺	坐殺 三殺	小利	大利	三殺	坐殺	三殺	年克	三殺 方陰	大利	三殺 年克	年克 浮天	年克
壬午	三殺 歲破	坐殺 歲破	三殺	小利	天官	大利	小利	陰府	大利	小利	向殺 天官	向殺 陰府	陰府
癸未	年克	年克	年克 歲破	小利	天官 年克	年克	陰府	小利	向殺 方陰 天官	年克	大利	大利	炙退 大利

癸坐	子坐	年坐	壬坐	亥坐	乾坐	戌坐	辛坐	酉坐	庚坐	申坐	坤坐	未坐	丁坐
向殺	地官	甲申	浮天	年克	年克	小利	方陰	年克退	大利	小利	大利	小利	三殺年克
浮天	炙退	乙酉	方陰	大利	陰府	三殺年克	坐年克府殺	陰三府殺	坐年殺克	年克三殺	年克	年克	方陰
陰府年克方	三殺年克陰	丙戌	向殺	天官年克	年克	大利	浮天	年克	大利	方陰	陰府	三殺	坐殺年克
大利	大利	丁亥	大利	小利	陰府	方年克陰府	向殺年克	大利	殺年克浮天向	年克天官	年克	歲破年克	大利
向殺	小利	戊子	坐年殺克	方陰三殺後不利	大利	大利	小利	炙退	方陰	歲破	陰府浮天	方陰地官	大利冬至後不利陰坐殺浮天方
大利	炙退	己丑	大利	小利冬至後不利	浮天	三殺	方坐殺陰府	歲破三殺	坐殺	三殺	大利	地官	大利冬至後不利陰坐殺浮天方
坐殺	三殺	庚寅	方陰向	天官	陰府	歲破	大利	陰府	大利	地官	大利	三殺	大利
年克方陰	陰府	辛卯	年克	歲破	小利	小利	向殺	地官	向殺	天官方陰	陰府	大利	大利年克
向殺	年克	壬辰	坐殺	年克炙退地官方陰	年克炙退	年克炙退	大利	年克炙退	小利	大利	大利	大利	向殺年克
大利	炙退	癸巳	大利	大利	大利	年克三殺地官方陰	年克坐殺三殺	三殺	陰殺年克方	坐殺年克方	陰府年克	方陰年克	大利

145

坤坐	未坐	丁坐	午坐	丙坐	巳坐	巽坐	辰座	乙坐	卯坐	甲坐	寅坐	艮坐	丑坐
大利	三殺	坐殺	年克	陰坐方	三殺	陰府	大利	年克	灸退	大利	歲破	陰府	小利
大利	小利	方陰	小利	大利	方陰	大利	三殺	坐殺	歲破	三殺	三殺	小利	方陰地官
年克陰府	年克	向殺	小利	向殺	天官	年克	方陰破歲年克	大利	小利	年克	地官年克	大利	年克三殺
大利	小利	大利	灸退陰府	大利	歲破年克	大利	小利	向殺	向殺地官	方陰年克向殺	方陰天官	年克	大利
陰府浮天	方陰三殺	坐殺	歲破三殺	坐殺	三殺	大利	地官	方陰	陰府灸退	大利	小利	大利	大利
大利	歲破	年克	小利	方陰	地官	陰府	三殺	坐殺	三殺	坐殺	三殺	陰府	大利
大利	小利	向殺陰浮天後不利	年克地官大利冬至	年克向殺	方陰天官	大利	小利	年克	小利	大利	大利	大利	方陰三殺
陰府	地官	灸退	坐殺	浮天	大利	方陰	大利	向殺	小利	向殺	天官	大利	小利
年克陰府	三殺年克方陰	坐殺	陰府	三殺	坐殺	年克	三殺	年克	大利	灸退	浮天方陰年克	年克	年克・小利
		大利	大利	大利	年克	大利	三殺方陰	坐殺天官三殺陰	三殺陰府年克	三殺	三殺		

146 · 대천명

年坐	壬坐	亥坐	乾坐	戌坐	辛坐	酉坐	庚坐	申坐	子坐	癸坐	丑坐	艮坐	寅坐
甲午	天官/年克/向殺/浮	天官/方陰	大利/至後不利/大利冬	小利	方陰	小利	大利	大利/天官	三殺/年克/歲破	坐殺/年克/浮天	三殺/年克/方陰/歲破	陰府/年克	年克/天官/歲破
乙未	坐殺/方陰	大利/陰府	大利	大利/陰府	向殺	陰府/年克	向殺/年克	大利/天官/方陰	小利/浮天	陰府/方陰	小利/歲破	年克	陰府/年克
丙申	大利	三殺	大利	年克	浮天/年克	灸退	年克	方陰/年克	陰府/地官	地官	地官	大利	三殺/方陰
丁酉	小利	陰府	大利	坐殺/年克	三殺	浮天/坐殺	方陰	三殺	灸退	大利	年克/三殺	大利	地官/年克/方陰
戊戌	向殺	天官/方陰	小利/至後不利	大利	大利	三殺/坐殺	方陰	小利	年克/坐殺	年克/坐殺	三殺/年克	大利	天官/年克
己亥	大利	年克	浮天/陰府	小利	向殺/方陰	年克/陰府	大利	天官	小利	大利	年克	陰府/年克	大利
庚子	坐殺/方陰/年克	三殺/陰府	小利/至後不利/陰府	大利	方陰/年克	灸退/陰府/歲破	大利	歲破	灸退/陰府/府年克	向殺	方陰	方陰	大利
辛丑	大利	小利/至後不利/天官	三殺	小利	坐殺/歲破	小利	年克	方陰/年克	三殺	坐殺	年克	大利	三殺
壬寅	大利	小利/至後不利/陰府	小利	年克	年克	灸退/陰府	年克	年克/地官	三殺	三殺	三殺	大利	方陰
癸卯	大利	大利/歲破/冬	小利	向殺	向殺	歲破/地官	方陰	天官	小利	大利	小利	小利	天官

甲坐	卯坐	乙坐	辰坐	巽坐	巳坐	丙坐	午坐	丁坐	未坐	坤坐	申坐	庚坐	酉坐
年克	小利	大利	年克	陰府	天官	方向陰	小利	向殺	年克	年克	年克	年克	灸退
向殺	年克	向殺	小利	大利	方陰年克	大利	灸退	方陰	小利	大利	三殺	坐殺	陰府三殺
大利	灸退年克	大利	方陰	大利	三殺年克	坐殺	三殺	坐殺	三殺	陰府	方陰	大利	小利
坐殺方陰	向殺	三殺歲破	三殺	大利	大利	天官	年克	小利	小利	大利	大利	向殺浮天	小利
年克	年克	方陰	歲破年克	年克	天官	小利	向殺	向殺	方陰年克	年克浮天陰府	年克	方陰年克	灸退
向殺	三殺年克	向殺	小利	陰府	方陰歲破年克	大利	方陰	灸退	大利	大利	三殺	坐殺	三殺
大利	小利	向殺	小利	地官	三殺方陰	大利	小利	三殺	小利	小利	小利	大利	年克陰府
坐殺方陰	三殺年克	坐殺年克	地官	三殺陰府年克方	年克	地官	年克陰府	陰府年克	方陰天官年克	向殺年克	向殺年克	大利	大利
向殺	小利	大利	小利	小利	天官	向殺	陰府地官	向殺	小利	大利	大利歲破	大利	灸退
向殺	陰府	向殺天方陰浮	大利	大利	天官	大利	灸退年克	地官方陰	三殺	陰府	三殺	坐殺方陰	三殺破年克

年＼坐	子坐	癸坐	丑坐	艮坐	寅坐	甲坐	卯坐	乙坐		辛坐	戌坐	乾坐	亥坐	壬坐
甲辰	小利	向殺	小利	陰府	大利	大利	炙退	大利		方陰	年克 地官	小利	三殺	坐殺 浮天
乙巳	炙退 三殺 破陰	年克 浮天 方陰	年克 方陰	小利	年克 三殺	年克 坐殺	三殺	坐殺		坐殺	三殺	陰府	地官	方陰
丙午	三殺歲 破陰府	坐殺 方陰	三殺 歲破	大利	小利	大利	小利	大利		浮天	大利	大利	天官	向殺
丁未	年克	年克	年克 歲破	大利	克方 陰年 天官	克方 年陰 向殺	小利	向殺		向殺	方陰 年克	陰府	小利	年克
戊申	地官	炙退	小利	大利	歲破	大利	陰府 炙退	方陰 年克		年克	年克	坐殺 方陰	三殺	坐殺
己酉	炙退	三殺	地官	陰府	三殺	坐殺	歲破 三殺	坐殺		方陰 坐殺	三殺	浮天	大利	大利
庚戌	三殺	坐殺	方陰	年克	地官	大利	年克	大利		大利	大利	陰府	天官	方陰 年克
辛亥	陰府	向殺	小利	大利	天官	向殺	地官	年克		向殺 年克	年克	小利	小利	向殺
壬子	小利	坐殺	年克	大利	方陰	浮天 方陰	炙退	大利		小利	方陰	陰府	三殺	坐殺 大利
癸丑	年克 炙退	年克	小利	小利	三殺 坐殺	三殺 坐殺	三殺 方陰	坐殺 方陰 浮天		坐殺	三殺	方陰 年克	年克	大利

乾坐	戌坐	辛坐	酉坐	庚坐	申坐	坤坐	未坐	丁坐	午坐	丙坐	巳坐	巽坐	辰坐
年克	歲破	方陰	年克	大利	大利	地官	三殺	坐殺年克	三殺	坐殺方陰	三殺	陰府	大利
陰府	年克	年克向殺	地官陰府	年克向殺	年克向殺	年克天官	年克	方陰	大利	大利	方陰	年克	三殺年克
年克	地官	浮天	炙退年克	小利	方陰	陰府	大利	年克向殺	小利	向殺	天官	大利	方陰
陰府	三殺年克方陰	年克	坐殺三殺	坐殺年克浮天	年克三殺	年克	年克	大利	炙退陰府	大利	大利	年克	年克
大利	大利	大利	小利	方陰	小利	方陰陰府浮天	三殺方陰	坐殺	年克三殺	年克坐殺	三殺	大利	大利
浮天	小利	方陰向殺	小利冬至後不利	向殺	天官	大利	小利	小利冬至後不利陰浮天方	向殺	大利	方陰天官年克	三殺	三殺
陰府	大利	大利	炙退陰府	大利	小利	大利	小利	向殺	大利	向殺	大利	大利	歲破
小利	三殺	坐殺	三殺	坐殺	坐殺	方陰三殺	陰府	小利	炙退年克浮天	年克歲破	三殺	大利	方陰
陰府年克	方陰	大利	年克	大利	大利	小利	三殺年克	坐殺三殺陰府歲破	大利	小利	三殺	小利	地官
小利	年克	向殺年克	小利	向殺年克方	天官	陰府	年克	方陰破年克歲	大利	小利	地官	年克	三殺年克

年/坐	亥坐	壬坐	子坐	癸坐	丑坐	艮坐	寅坐	甲坐	卯坐	乙坐	辰坐	巽坐	巳坐
甲寅	天官	浮天	三殺	坐殺	三殺	陰府	大利	大利	小利	年克	大利	陰府	天官
乙卯	年克歲破	方陰	小利	浮天	方陰	小利	天官	向殺	大利	向殺	小利	大利	方陰
丙辰	三殺年克	坐殺	陰府年克	向殺方陰年克	陰府	大利	年克	年克	炙退	大利	年克方陰	年克	三殺
丁巳	地官	大利	炙退	大利	年克	大利	三殺	坐殺	三殺	坐殺	三殺	大利	年克
戊午	方陰天官至後不利	年克	歲破	坐殺	三殺	大利	小利	大利	陰府	方陰	大利	大利	天官
己未	大利冬至後不利	年克	小利	大利	歲破	陰府	天官	大利	向殺	小利	小利	陰府	大利
庚申	三殺	坐殺	地官	向殺	大利	方陰	歲破	大利	大利	炙退	小利	大利	三殺方陰
辛酉	大利	年克	炙退陰府	地官	大利	三殺	三殺	坐殺	三殺	坐殺方陰	三殺方陰	大利	大利
壬戌	年克	向殺	三殺年克	年克坐殺	大利	地官	地官方陰浮天年克	小利	大利	坐殺歲破	歲破年克	年克	天官
癸亥	天官方陰	大利	小利	大利	年克	天官	浮天年克方陰	陰府地官年克	大利	向殺方陰浮天	向殺	小利	年克歲破

壬坐	亥坐	乾坐	戌坐	辛坐	酉坐	庚坐	申坐	坤坐	未坐	丁坐	午坐	丙坐
坐殺年克浮天	三殺	大利陰府	小利	方陰	炙退	大利	歲破	大利	小利	向殺方陰	地官年克	向殺方年克陰
方陰	小利冬至後不利	陰府	三殺	坐殺	破陰府歲三殺	坐殺	三殺	大利	大利	方陰	炙退	大利
向殺	天官	大利	歲破	年克	浮天	年克	方陰年克地官	年克陰府	三殺陰府	坐殺	三殺	坐殺
大利	歲破	陰府	方陰	地官	向殺地官	年克浮天	小利	大利	小利	大利	陰府	大利
坐殺	三殺方陰	小利冬至後不利	地官	大利	炙退	方陰	三殺	小利	方陰	向殺	小利	向殺
大利	天官	年克地官浮天	三殺	向殺	方陰	三殺年克	小利	大利	三殺	年克	炙退	方陰
向殺年克方陰	三殺方陰	陰府	年克	三殺	坐殺	大利	坐殺	三殺	陰府	坐殺方陰浮天	三殺年克	向殺
大利	天官	小利冬至後不利	大利	大利	陰府	坐殺	大利	陰府	小利	方陰	小利陰府	浮天
坐殺	三殺	陰府	年克方陰	小利	向殺	年克	年克	年克	年克	坐殺	向殺	向殺
大利	方陰	大利	三殺	向殺	坐殺	大利	三殺	坐殺	方陰	大利	炙退	大利

이 萬年圖는 六十年間 二十四坐에 대한 吉凶殺이다. 初終時는 무방하지만 移葬(緬禮)할 때, 새로 쓰는 葬地의 坐를 보는 것이므로 三殺 및 向殺, 坐殺, 天官符(天官符)、地官(地官符)、陰府(正陰府)、方陰(傍陰府)、浮天(浮天空亡)、歲破、炙退、大利、小利로 구분하였다. 大利와 小利는 물론 吉하고 三殺、坐殺、歲破、傍陰府(建屋에는 無妨)、年克은 不吉하나 年月日時 四柱의 納音五行 가운데 하나라도 그의 克하는 殺을 克하면 吉하여 사용해도 좋고, 向殺, 天官符, 地官符, 正陰府(陽擇에는 不古)등은 무방하다. 따라서 이 萬年圖는 陽擇(建屋)에도 아주 중요하다.

一、下棺時 보면 안되는 사람

亡子	生子			
子 生 :	壬 辰	丙 辰	戊午生	
丑 生 :	申 生	戌 生	亥 生	
寅 生 :	子 生	丁 亥	癸卯生	
卯 生 :	乙 亥	丙 子	丁丑生	
辰 生 :	乙 巳	甲 寅	壬戌生	
巳 生 :	丑 生	卯 生	酉 生	
午 生 :	己 丑	己 亥	癸 丑	癸亥生
未 生 :	丑 生	酉 生	壬 辰	乙卯生
申 生 :	巳 生	卯 生	甲 午	甲辰生
酉 生 :	丑 生	癸 未	己亥生	
戌 生 :	丑 生	寅 生	庚 午	癸未生
亥 生 :	卯 生	未 生	甲子生	乙酉生

二、正沖・旬沖

入棺時 正沖이나 旬沖이 닿는 사람이 잠시 피하면 된다

正沖＝甲子生-甲午日 乙丑生＝乙未日의 例(天干이 같고 地支가 沖하는 것)

二、葬禮日 및 移葬日

아래 달에 이날은 피해야 한다.

- 一月 七月은   甲.庚.巳.亥 日
- 二月 八月은   乙.辛.巳.亥 日
- 三月 九月은   戊.己.巳.亥 日
- 四月 十月은   丙.壬.巳.亥 日
- 五月 十一月은 丁.癸.巳.亥 日
- 六月 十二月은 戊.己.申.亥 日

三、 不淨經

천지증명　예기분간
동중현해　팔방위신
사아자연영보보명보곡
구천건나담나동광태현
참요박사　도기만천　중산신주
원시옥문　지송일편　각병연연
안행오악　팜해지문　마왕속소
시위아현　흡혜소탕　도기장존
급급여율　령사바하

四、 重喪日眞壓法 부적

윤달은 두가지로 -

一月　六庚六形
二月　六庚六形
三月　六辛天延
四月　六壬天牽
五月　六癸天獄
六月　六庚六形
七月　六甲天福
八月　六乙天德
九月　六庚六形
十月　六丙天陽
十一月　六丁天陰
十二月　六庚六形

五、用吉時法

以日橫看時(이일횡간시)	貴人補助時(귀인보조시)	福德月仙時(복덕월선시)	寶元天德時(보원천덕시)	小微天開時(소미천개시)	鳳輦月仙時(봉련월선시)	天乙貴人時(천을귀인시)
子午	酉	子	丑	卯	午	申
丑未	亥	寅	卯	乙	申	戌
寅申	丑	辰	巳	未	戌	子
卯酉	卯	午	未	酉	子	寅
辰戌	巳	申	酉	亥	寅	辰
巳亥	未	戌	亥	丑	辰	午

第十二章 喪禮名祝式

弔客(조객)은 凡筵(궤연) 앞에서 喪主祖父母(상주조부모)나 父母(부모)나 三寸(삼촌)이나 兄(형)이나 或(혹)은 自己(자기) 친구나 되면 고연 앞에서 再拜(재배)하고 哭(곡)은 生前(생전)에 아는 분이면 이면 哭(곡)을 하게 되고 모르는 亡人(망인)이면 再拜(재배)만 하고 喪主(상주)에게 半拜(반배)하고 정중히 앉아서 인사 말씀 하되 患候(환후)가 좀 나시다 하옵더니요 喪主(상주) 答(답) 글세 좀 快差(쾌차) 하실듯 하옵더니 망극한 말씀 무엇이라 하오리까

一、祝文儀式(축문의식)

⊙ 訃告(부고) 祖父式(조부식)

金年吉 王大人金公以宿患閏三月七日午後三時十五分 別世玆以專人訃告

二、訃告(부고) 祖母式(조모식)

金年吉 王大夫人孺人慶州李氏以宿患三月七日(陽二十一日) 午後三時十五分 別世 玆以專人訃告(자이전인부고)

(금년길 왕대부인유인경주이씨이숙환윤삼월칠일(양이십일일) 오후삼시십오분 별세자이전인부고)

三、訃告(부고) 父親式(부친상)

金年吉 大人學生金公以宿患閏三月七日午後三時十五分 別世玆以專人訃告

(금년길 대인학생금공이숙환윤삼월칠일오후삼시십오분 별세자이전인부고)

四、訃告(부고) 母親式(모친상)

金年吉 大夫人孺人慶州崔氏以宿患三月七日午後三時十五分 別世玆以專人訃告

(금년길 대부인유인경주최씨이 숙환윤삼월칠일오후삼시십오분 별세자이전인부고)

五、訃告(부고) 妻喪(처상)

金年吉氏 室內孺人達城徐氏以宿患閏三月七日午後三時十五分 別世玆以專人訃告

(금년길씨 실내유인달서씨이숙환윤삼월칠일오후삼시십오분 별세자이전인부고)

六、訃告(부고) 子喪(자상)

金年吉氏 次男金公以宿患閏三月七日午後三時十五分 別世玆以專人訃告

(금년길씨 차남금공이숙환윤삼월칠일오후삼시십오분 별세자이전인부고)

七、破墓山神祝（파묘산신축）

維歲次戊申年三月庚戌朔十五日甲午
(유세차무신년삼월경술삭십오일갑오)

　　　祭官(제관)　　金龍山(금용산)

敢昭告于 (감소고간)

五岳山神土地之神今爲(男則)某公(女則)某孺人某氏宅兆不利將改他所神其保
(오악산신토지지신금위(남측)모공(여측)모유인모씨택조불리장개타소신기보)

佑碑無後歎謹以淸酌脯果抵薦于神　尙　饗
(우비무후탄근이청작포과저천간신　상　향)

八、成墳平土山神祝 (성분평토산신축)

維歲次云云幼學　某姓名敢昭告于
(유세차운운유학　모성명감소고간)

五岳山神土地之神茲爲安東金公建茲宅兆今已葬畢神其保佑俾無後艱謹以淸酌
(오악산신토지지신자위안동김공건자택조금기장필신기보우비무후탄근이청작)

庶羞脯醢抵薦干　神尙　饗
(서수포혜저천간　신상　향)

九、葬後反魂祝 (장후반괴축)

維歲次戊申年三月庚戌朔十五日甲午
(유세차무신년삼월경술삭십오일갑오)

孤子(고자)

顯考學生府君新建幽宅禮畢返魂夙夜不寧啼號罔極謹以淸酌庶羞恭伸尊告 尙

饗

敢昭告干（감소고간）

(현고학생부군신건유택예필반괴숙야불령제호망극근이청작서차공신존고 상 향)

十、石物立石祝（석물입석축）

維歲次戊申閏三月庚戌朔十五日甲午

(유세차세신윤삼월경술삭십오일갑오)

五代孫（오대손） 東洙（동수）

敢昭告干（감소고간）

顯五代祖忠政公之墓 伏以財力不逮儀物久闕今具碑石床石人石望柱石 魂遊石誌石

神道碑石用表墓道 伏唯尊靈是憑是安

(현오대조충정공지묘 복이재력불체의물구궐금구비석상석인석망주석 괴유석지석

신도묘석용표묘도 복유존영시빙시안)

十一、石物山神祝(석물산신축)

維歲次戊申年閏三月十五日甲午
(유세차술신년윤삼월십오일갑오)

　　　　幼學(유학)　金完埴(김완식)

敢昭告干(감소고간)

五岳山神土地之神今爲忠政公之墓茲將(碑石等立石物名各稱)用衛神道神其保
(오악산신토지지신금위충정공지묘자장(비석등입석물명각칭)용위신도신기보)

第十三章 東西四宅

一、東西四宅

陽宅(양댁)의 東四宅(동사댁)과 西四宅(서사댁)을 一言(일언)으로 東西四宅(동서사댁)이요 東四(동사)를 東四命(동사명) 西四(서사)를 西四命(서사명)이라고 하는 것이다. 坎宮(감궁) 離宮(이궁) 震宮(진궁) 巽宮(손궁)을 東四命(동사명)인 東四宅(동사댁)이라고 하며 乾宮(건궁) 坤宮(곤궁) 艮宮(간궁) 兌宮(태궁)을 西四命(서사명)인 西四宅(서사댁)이라고 하며 陽宅(양댁)을 大分(대분)하고 있는 것이다. 이 世上(세상)에서 或者(혹자)는 相法(상법)을 가지고 各自(각자)의 傳言(전언)과 主張(주장)이 紛紛(분분)하나 그 終(종)은 陰陽(음양)의 五行相生(오행상생) 或者(혹자)는 陽宅(양댁)을 或者(혹자)는 陰宅(음댁)의 五行相尅(오행상극)의 一理(일리)에 各其分別(각기분별)하는 것이다.

二、門路吉方

다음 法은 家宅의 坐로써 出入門의 吉한 方向을 보는 것이다. 예를 들어 壬坐의 집이라고 하면 出入門은 午·丙·乾方으로 내면 길하다.

壬坐 = 午丙門은 귀한 아들을 낳고 亥乾門은 官祿에 이른다.

子坐 = 巳丙門은 부귀하고, 未坤門은 及第와 六畜이 잘 크고, 戌乾門은 만사 모두 吉하다.

癸坐 = 巳丙門은 총명한 수재가 출생하고, 未坤門은 及第와 횡재를 하고 戌乾門은 집안이 화평하고 孝順하여 만사가 모두 吉하다.

丑坐 = 巳丙門은 수재가 나오고, 未坤門은 관록과 재물을 얻고, 戌乾門은 만사가 형통하다.

艮坐 = 午丁門은 급제할 사람을 낳고, 申庚門은 횡재하고, 六畜도 왕성한다.

寅坐 = 申庚門은 官祿이 높아지고 늘어나며, 午丁門은 六畜과 田蠶이 왕성한다.

甲癸 = 甲庚門은 六畜과 田蠶이 풍성하고, 午丁門은 豪强之人이 생기고, 戌乾門

卯坐 = 子癸門은 부귀하고 巳丙門은 食祿과 人丁이 흥하고, 戌乾門은 관록이 높아지고 재산이 풍족하다.

乙坐 = 子癸門은 총명하고, 戌乾門은 美麗多才한 文章이 나타난다.

辰坐 = 戌乾門은 비범한 인재가 나타나고, 子癸門은 人丁과 六畜이 왕성하며, 申庚門은 효자와 賢婦를 얻게 한다.

巽坐 = 戌乾門은 효성의 의리가 많은 사람이 나오고, 申庚門은 총명한 인재가 생기고, 子癸門은 橫財로 富를 얻는다.

巳坐 = 丑艮門은 牛馬가 잘 크고, 子門은 異人이 생기고, 未坤門은 예술로서 재물을 얻는다.

丙坐 = 丑艮門은 횡재하고, 壬門은 집안이 화목하며 孝順하고, 未坤門은 귀인으로 인해 富貴한다.

午坐 = 丑艮門은 妻로 인해 부귀하고, 辰巽門은 부부가 화목한다.

丁坐 = 艮寅門은 총명한 인재를 낳고, 子癸門은 文武를 겸전한 인물을 낳는다.

未坐 = 辰巽門은 妻로 인해 富를 얻고, 丙申門은 훌륭한 아이를 낳고, 艮寅門은

사람과 소가 함께 들어간다.

坤坐 = 寅甲門은 文武를 겸한 훌륭한 人才가 나고, 戌乾門은 지기지사(志氣之士)가 나오고, 子巽門은 六畜이 잘 자란다.

申坐 = 戌乾門은 부귀하고, 辰巽門은 총명한 수재가 나고, 寅甲門은 사람으로 인해 진관(進官)한다.

庚坐 = 戌乾門는 의기지인(義氣之人)이 나고, 辰巽門은 훌륭한 아이를 낳으며, 寅甲門은 진록득재(進祿得財)한다.

酉坐 = 未坤門은 효성과 의리가 많은 사람이 나고, 辰巽門은 妻로 인해 富를 얻고 寅甲門은 진전(進田)하고 人丁이 성한다.

辛坐 = 寅甲門은 관록이 높아지고 재물을 얻고, 子癸門은 人丁과 田蠶이 풍성하고, 辰巽門은 美兒奇童이 난다.

戌坐 = 辰巽門은 강개지사(慷慨之士)가 나오고, 午丁門은 전잠(田蠶)이 풍성하고, 寅甲門은 횡재한다.

乾坐 = 壬艮門은 예술로서 成家하고, 未坤門은 忠孝具全한다.

亥坐 = 丑艮門은 수재가 나고, 辛戌門은 田蠶이 풍성하고, 未庚門은 아들이 효자

가 되고, 부인이 현부가 된다.

三、造門吉日

吉日＝甲子、乙丑、辛未、癸酉、甲戌、壬午、甲辰、乙酉、戊子、己丑、辛卯、癸巳、乙未、己亥、庚子、壬寅、戊申、壬子、甲寅、丙辰、戊午

忌日＝春에 東門、夏에 南門、秋에 西門、冬에 北門(修理도 同一함)

四、成造 四角法

一세 吉
五세 不利
九세 吉
一三세 吉
一七세 吉
二一세 吉
二五세 蠶四角
二九세 吉
三三세 吉
三七세 吉
四一세 自四角
四五세 蠶四角
四九세 自四角
五三세 吉
五七세 牛馬四角
六一세 吉
六五세 蠶四角
六九세 自四角

二세 父母四角
六세 吉
十세 不利
一四세 不利
一八세 吉
二二세 牛馬四角
二六세 蠶四角
三○세 吉
三四세 牛馬四角
三八세 吉
四二세 妻四角
四六세 蠶四角
五○세 吉
五四세 蠶四角
五八세 吉
六二세 吉
六六세 蠶四角
七○세 蠶四角

三세 吉
七세 吉
一一세 蠶四角
一五세 吉
一九세 妻四角
二三세 吉
二七세 自四角
三一세 蠶四角
三五세 父母四角
三九세 吉
四三세 妻四角
四七세 自四角
五一세 蠶四角
五五세 吉
五九세 吉
六三세 吉
六七세 父母四角
七一세 牛馬四角

四세 不利
八세 吉
一二세 父母四角
一六세 牛馬四角
二○세 吉
二四세 自四角
二八세 吉
三二세 妻四角
三六세 吉
四○세 吉
四四세 父母四角
四八세 吉
五二세 自四角
五六세 妻四角
六○세 吉
六四세 吉
六八세 吉
七二세 吉

五、成造三殺法

申子辰三生은 申年에 成造하면 大殺年이 되고 子年에 成造하면 中殺이 되고 辰年에 成造하면 巽殺이 된다. 萬若 犯하면 大害를 입는다. 大殺年은 三年內에 害가 있고 中殺을 犯하면 二年內에 害가 있고 巽殺을 犯하면 當年內 人亡家敗가 된다. 前에 配列한 四角法에 吉運이 될지라도 三殺法을 잘 參考해서 三殺에 該當되지 않토록 하라.

申子辰生은　申年大殺　子年中殺　辰年巽殺

亥卯未生은　亥年大殺　卯年中殺　未年巽殺

寅午戌生은　寅年大殺　午年中殺　戌年巽殺

巳酉丑生은　巳年大殺　酉年中殺　丑年巽殺

六、移徙 亡

春 - 申, 子, 戌
夏 - 亥, 子
秋 - 寅, 卯, 辰
冬 - 巳, 午, 未

七、移徙卽死

一月. 寅
二月. 酉
三月. 申, 酉
四月. 辰, 卯
五月. 寅, 卯
六月. 申, 酉, 子
七月. 申, 酉, 子
八月. 午, 未, 子
九月. 卯, 酉
十月. 戌, 子, 午
十一月. 子, 丑
十二月. 申, 子, 酉

八、移徙 運

상대의 나이를 九수로
나눈 나머지수의 결과

一. 吉
二. 패(안좋다)
三. 반흉반길
四. 죽는다
五. 부자된다
六. 실패수
七. 좋다
八. 곡수(울수)
九. 좋다

九、東西四宅吉凶法

寅午戌生平生運
寅生은 乙坐가 生運
午生은 戌坐가 生運
戌生은 庚坐가 生運
子午坐는 多官災
丑未坐는 主死
丁癸坐는 主死
甲庚坐는 得財
卯酉坐는 富貴
乙辛坐는 得財
辰戌坐는 大通
乾巽坐는 多災
寅申坐는 得財
巳亥坐는 大凶
丙壬坐는 多官災
艮坤坐는 得富貴

巳酉丑生平生運
巳生은 子坐가 生運
酉生은 乾坐가 生運
丑生은 壬坐가 生運
子午坐는 得天祿
丑未坐는 主亡死
丁癸坐는 富貴
甲庚坐는 多官災
卯酉坐는 主亡死
乙辛坐는 多喪敗
辰戌坐는 大凶
乾巽坐는 大吉
寅申坐는 家長亡
巳亥坐는 多富貴
丙壬坐는 大吉
艮坤坐는 多火災

申子辰生平生運
申生은 辛坐가 生運
子生은 辰坐가 生運
辰生은 庚坐가 生運
子午坐는 子孫亡
丑未坐는 搖亂
丁癸坐는 喪敗
甲庚坐는 富貴
卯酉坐는 命福
乙辛坐는 長命
辰戌坐는 富貴
乾巽坐는 風敗
寅申坐는 富貴
巳亥坐는 多敗
丙壬坐는 官災
艮坤坐는 富貴

亥卯未生平生運
亥生은 午坐가 生運
卯生은 巽坐가 生運
未生은 庚坐가 生運
子午坐는 進福
丑未坐는 貴榮
丁癸坐는 進福
甲庚坐는 富貴
卯酉坐는 主死
乙辛坐는 喪敗
辰戌坐는 風搖
乾巽坐는 大凶
寅申坐는 富貴
巳亥坐는 富貴
丙壬坐는 富貴
艮坤坐는 大凶

〈成造九宮坐法〉

(이 法으로 家坐門·부엌의 方向을 定한다)

一、九星名(구성명)

貪狼　巨門　祿存　文曲　廉貞　武曲　破軍　伏吟
(탐랑)(거문)(록존)(문곡)(겸정)(무곡)(파군)(복흠)

二、九星吉凶解說(구성길흉해설)

貪狼(탐랑)(生氣생기) 木星(목성)＝家道(가도)가 隆昌(융창)하고 五子(오자)가 英雄(영웅)이요 百事(백사)가 達通(달통)한다.

巨門(거문)(天乙(천을)) 土星(토성)=人丁(인정)·財産(재산)이 旺(왕)하고 家道(가도)가 昌盛(창성)하며 功名(공명)이 顯達(현달)한다.

祿存(록존)(禍客(화객)) 土星(토성)=人情(인정)이 衰(쇠)하여 子孫(자손)이 絶(절)하고 損財(손재)로 破産(파산)한다.

文曲(문곡)(六殺(육살)) 水星(수성)= 盜賊(도적) 및 逆賊(역적)이 나오고 田産(전산)을 敗(패)하며 故鄕(고향)을 떠난다.

廉貞(렴정)(五鬼(오괴)) 火星(화성)=二子(이자)가 家門(가문)을 敗(패)한다. 躁急(조급)하고 凶惡(흉악)한 이가 나온다.

武曲(무곡)(延年(연년)) 金星(금성)=文武兼全(문무겸전)한 濠傑俊才(호걸준재)가 나오고 百事(백사)에 吉(길)하다.

破軍(파군)(絶命(절명)) 金星(금성)=疾病(질병)과 不具者(불구자)가 나오고 子女(자녀)가 禾壽(화수)한다.

伏吟(복흠)(輔弼(보필)) 二木(이목)=英華(영화)하는데 吉星(길성)과 만나면 吉(길)로 化(화)하고 凶星(흉성)과 만나면 凶星(흉성)으로 化(화)한다.

- 祿存(록존) = 疾病(질병)과 小兒(소아)의 厄(액)이 있으나 當代(당대)에 發福(발복)하여 子女(자녀)가 貴(귀)히 된다.
- 巨門(거문) = 出將入相(출장입상)하여 富貴(부귀)하고 子孫(자손)이 滿堂(만당)한다.
- 貪狼(탐랑) = 當代(당대)에 發福(발복)하고 大吉(대길)하다.
- 文曲(문곡) = 文士(문사)가 多出(다출)하나 才勝薄德(재승부덕)하다.
- 廉貞(렴정) = 木根(목근)이 縷骨(수골)하니 刑獄死(형옥사)·水死(수사)·結項(결항)·大賊(대적)·絶孫(절손)의 凶厄(흉액)이 있다.
- 武曲(무곡) = 武官(대관)이 多出(다출)하여 出將入相(출장입상)하는 貴人(귀인)이 많이 나온다.
- 伏吟(복음) = 火廉(화렴)이 入棺(입관)이니 火災(화재)로 敗家(패가)하고 客死(객사)·無后(무후)의 厄(액)이 있다.

第二篇 秘傳 九宮法

第一章 風水地理 九宮法

一、祖子孫山法 (조자손산법)

乾坤艮巽子午卯酉山은 … 祖山 癸龍에 坤穴은 可하고

甲庚丙壬寅申巳亥山은 … 子山 坤龍에 癸穴은 不可함

乙辛丁癸辰戌丑未山은 … 孫山 壬龍에 乾穴은 吉하나 乾龍에 壬穴은 凶하다.

즉 子山에 祖穴은 可하고 祖山에 子穴은 不可하다.

二、二十四山穴處高低 (이십사산혈처고저)

乾坤艮巽子午卯酉八坐는 天穴이니 宜高이오。寅申巳亥辰戌丑未八坐는 人穴이니 不宜高低이오。甲庚丙壬乙辛丁癸八坐는 地穴이니 低下한곳에 있음이 可하다。

三、入首定穴法洪範 (입수정혈법홍범)

壬入首에　子·艮·辛·坐

癸入首에　子·艮坐

艮入首에　癸壬申寅卯乾亥丑坐

甲入首에　艮巽寅坐

乙入首에　艮卯坐

巽入首에　乙巳坤坐

丙入首에　甲乙巳坤坐

丁入首에　巳坤坐

坤入首에　丁坐

庚入首에　坤酉坐

辛入首에　坤酉乾坐

乾入首에　辛坐

子入首에　艮·坐

丑入首에　壬坐

寅入首에　艮寅坐

卯入首에　甲乙癸坐

辰入首에　艮巽坐

巳入首에　巳坐

午入首에　丙丁坐

未入首에　坤坐

申入首에　丁癸坐

酉入首에　坤乾亥坐

戌入首에　辛坐

亥入首에　壬癸丑酉乾坐

四、五穴分別 (오혈분별)

金穴은 圓하고 端하며
木穴은 直하고 長하며
水穴은 屈하고 曲하며
土穴은 厚하고 平하며
火穴은 上은 大하고 下는 尖하리라.

五、同氣 (동기)

乾甲同宮　坎癸申辰 同宮
乾乙同宮　離壬寅戌 同宮
艮丙同宮　震庚亥未 同宮
巽辛同宮　兌丁巳丑 同宮

第二章

一、 二十四方位圖 안에 있는 八卦의 내용

乾 말‥ 하늘은 굳세고 강하다.

坤 소‥ 땅은 유순하고 조화롭다.

坎 돼지‥ 물은 닥치는 대로 덮어 험난하다.

離 꿩‥ 불은 타오를 때의 내는 힘이 강하다.

震 용‥ 천둥은 만물을 진동시켜 이루게 한다.

兌 양‥ 못은 잡아 가두어 기쁨이 생긴다.

巽 닭‥ 바람은 어디든지 드나드니 기쁨과 겸손이 있다.

艮 개‥ 산은 멈추어 자리를 지켜 기를 나누어 준다.

二, 二十四 形體政曜 不用

壬(임)은 燕(연)이니 燕喜橫梁(연희횡량)하니 穴在脣前车(혈재순전모) 阿에 익한다.

子(자)는 鼠(서)이니 鼠憙揄物(서희유물)하니 穴在深處(혈재심처)라. 項目 規峯을 본다.

癸(계)는 幅(복)이니 幅乃兩股(복내양고)하니 勿禪雙行(물선쌍행)하라. 頭는 짧고 목은 가늘다.

丑(축)은 牛(우)이니 牛無上齒(우무상치)하니 穴在圓處(혈재원처)라. 穴低處에 있다.

艮(간)은 蟹(해)이니 蟹本前強(해본전강)하니 脣長不用(순장불용)이라. 乙風을 싫어한다.

寅(인)은 虎(호)이니 虎憎抱聲(호증포성)하니 穴在高處(혈재고처)라. 精이 眼間에 있다. 꼬리에도 쓴다(호미형).

甲(갑)은 狐(호)이니 狐性多疑(호성다의)하니 穴在顧處(혈재고처)라. 顧處에 穴

이 있다.

卯(묘)는 兎(토)이니 兎本短脣(토본단순)하니 脣長不用(순장불용)이라. 精이 眉間있다. 눈섭사이

乙(을)은 貂(초)이니 貂樂長腰(초락장요)하니 穴在腰處(혈재요처)라. 精이 제중·배꼽에 貴는 조용한 숲속

辰(진)은 龍(용)이니 龍本愛角(용본애각)이니 穴在頭角間(혈재두각간)이라. 水口를 取한다. 角耳감춘다.

巽(손)은 蚊(문)이니 蚊本無力(문본무력)하니 姑畏夕風(고외석풍)하라. 소리를 내니 風雨를 忌치 않는다.

巳(사)는 蛇(사)이니 蛇本穴曲(사본혈곡)하니 不用直長(불용직장)이라. 穴이 項에있다.

丙(병)은 鹿(록)이니 鹿本愛角(록본애각)하니 穴在深處(혈재심처)라. 精이 懷中에 즉 품안에 있다.

午(오)는 馬(마)이니 馬憙風聲(마희풍성)하니 穴在高處(혈재고처)라. 精이 背上에 있으나 深處不可

丁(정)은 獐(장)이니 獐憙下來(장희하래)하니 穴在急處(혈재급처)라. 精이 眉間에 後短

未(미)는 羊(양)이니 羊尙壓高(양상압고)하니 土屯(토둔)에 用之(용지)라. 精이 鼻上. 즉 코에 있다.

坤(곤)은 奸(간)이니 奸憙貧物(간희빈물)하니 穴在肥處(혈재비처)라. 즉 배꼽과 젖통에 穴이 있다.

申(신)은 猿(원)이니 猿攀高樹(원반고수)하니 穴在高處(혈재고처)라. 정이 細頭에 있다.

庚(경)은 烏(오)이니 烏本多忘(오본다망)하니 無前不用(무전불용)이라.

酉(유)는 鷄(계)이니 鷄本肩(계본견)하니 平處用之(평처용지)요 卵包直長不用(란포직장불용)이라.

辛(신)은 雉(치)이니 穴在下(혈재하)라. 매가 두려워 몸을 숨겨 穴 찾기가 힘 듬. 穴이 鼻에 있다.

戌(술)은 狗(구)이니 狗本多臭(구본다취)하니 穴在運回之處窺峯(혈재운회지처규봉)이 있어야 좋다.

乾(건)은 狼(랑)이니 狼本筮物(랑본서물)하니 無物不用(무물불용)이라. 쌍행이 貴하다.

亥(해)은 猪(저)이니 猪本無筋(저본무근)하니 穴在團圓處(혈재단원처) 즉 脣頭(순두)에 있다.

三、 吉凶砂

孝子砂(효자사) ＝ 乾艮峰이 절하는 듯하고 艮方水가 淸하며 日月이 照하는 것

忠臣砂(충신사) ＝ 穴前에 拜山이 있고 午未丁方의 山峰이 北向하여 相讓하는 것

烈女砂(열녀사) ＝ 壬丁方水가 玄字形이고 水口에 殺刀가 있는것

賢婦砂(현부사) ＝ 案帶에 거울모양의 砂가 있는 것

神童砂(신동사) ＝ 未坤方에 揖하는 山이 있는 것

學者砂(학자사) ＝ 丑巽方에서 長江이 흘러오는 것

三公砂(삼공사) ＝ 主山에 天甲이 있고 案帶와 靑龍에 三台가 있는 것

封君砂(봉군사) ＝ 主山이 鳳山이고 穴前에 玉印이 있는 것

(以上은 모두 吉砂이다)

臣官砂(신관사) ＝ 祿存·破軍方에 凶한 岩石이 있으면 고자

耳聾(이농·귀먹어리) ＝ 土凶에 乾戌風이 닿는 것

말더듬이砂 ＝ 午未丁方이 虛하고 辰方水와 巽方水가 連해진 것

癎疾砂(간질사) ＝ 未坤申方이 空虛하여 바닷물이 넘겨다 보는 것

소경砂 ＝ 明堂의 羅城이 길게 구부러진 것

경풍砂 ＝ 乾戌方이 缺하고 陷한 곳을 메운 것

곱추砂 ＝ 主龍의 굽은 것이 그대로 入首에 이른 것

절름발이砂 ＝ 乙辰方水가 向來하고 乙辰方에 凶石이 있으며 靑龍의 다리를 베는 물이 있는 것

쌍둥이砂 ＝ 兌·丁方의 井水가 雙流하고 案山에 兩角峰이 있는 것

産亡砂(산망사) ＝ 坤方風이 艮方으로 들어오는 것

娼女砂(창녀사) ＝ 辰戌方의 山이 버티고 서 있고 午·寅方에 砂가 있으며 水가 酉方으로 흘러가는 것

結項砂(결항사) = 白虎에 줄 같은 것이 橫帶하고 乙·辰方水가 서로 사귀는 것

淫女砂(음녀사) = 安山에 거울이 있고 白虎內에 단독으로 나가며 砂가 있는 것

巫女砂(무녀사) = 午寅方水가 酉方으로 흘러가는 것

弱水砂(약수사) = 子午方이 空缺하고 水口에 流尺砂가 있는것

奴僕砂(노복사) = 子午方이 비고 主山보다 案山이 높은 것

盜賊砂(도적사) = 癸丑未申方에 賊旗가 있는 것

망난이砂 = 白虎가 尖하게 비껴나가 머리가 이그러진 것

養子砂(양자사) = 靑龍이 작은 峰을 안은 것

四、 其他凶局 (기타흉국)

盜賊出(도적출) = 巽巳龍(손사용)의 辰庫(진고)가 後(후)에 他(타)의 庫藏(고장)을 接(접)함이 없는 것

盲人出(맹인출) = 子龍(자용)에 卯枝脈(묘지맥) 卯龍(묘용)에 子枝脈(자지맥)

乞人出(걸인출)＝寅龍(인용)에 巳龍(사용)에 寅枝(인지)-手足間(수족간)의 不具(불구) 혹은 乞人(걸인)

聾啞出(농아출)＝午龍(오용)에 酉龍(유용) 酉枝(유지)

逆賊出(역적출)＝左選(좌선)의 子龍(자용)에 午枝(오지)

兌龍(태용)에 亥枝(해지) 亥龍(해용)에 巳枝(사지) 卯龍(묘용)에 酉枝(유지) 酉龍(유용)에 卯枝(묘지) 寅龍(인용)에 申枝(신지) 申龍(신용)에 寅枝(인지)

五、舊山動塚運(사초 석물 이장)

壬子癸丑丙午丁未坐는 大運 子午卯酉年은 小運 寅申巳亥年 重喪

乙辰巽巳辛戌乾亥坐는 大運 辰戌丑未年 小運 子午卯酉年 重喪

艮寅甲卯坤申庚酉坐는 大運 寅申巳亥年 小運 辰戌丑未年 重喪

六、沖砂論（충사론）

兌龍下（태룡하）에 亥入首乾坐（해입수건좌）면 穴（혈）이 運空（운공）하고 穴前（혈전）이 破碎（파세）하고 明堂（명당）이 空虛（공허）하면 兒死（아사）와 落胎（낙태）를 當（당）하고 穴後（혈후）에 廣石（광석）이 있으면 巫女（무녀）가 生（생）하고 猪頭石（저두석）이 있으면 喪妻敗家（상처패가）하고 惡疫（악역）이 生（생）하며 乾亥風（건해풍）이 吹入（취입）하면 因樂見敗（인락견패）이요. 穴前（혈전）에 空落（공락）하면 胎兒（태아）가 慘敗（참패）하고

穴前（혈전）이 길면 喪妻再婚（상처재혼）하며 庶子（서자）가 出（출）하고

穴前（혈전）에 廣石（광석）이 있으면 僧尼（승니）가 出（출）하고

穴前（혈전）에 錚鋒水（장봉수）가 있으면 子孫（자손）에 落胎（낙태）가 있고

水中（수중）에 龜伏砂（구복사）가 있으면 當代絕祀（당대절사）가 되고

辛戌峰（신술봉）이 窺山（규산）이면 他人（타인）에게 見敗（견패）하고

白虎（백호）가 沖砂（충사）하면 糟糠之妻離別（조강지처이별）하고

白虎水（백호수）와 青龍水（청룡수）가 合（합）하여 白虎內（백호내）로 還去（환거）하

면 內妻盜財(내처도재)하여 桃走(도주)하며 淫行(음행)한다.

穴高(혈고)하고 靑龍(청룡)이 低(저)하야 白虎水(백호수) 靑龍水(청룡수)가 靑龍外(청룡외)와 靑龍端(청룡단)으로 回出(회출)하여 同去(동거)하면 子孫(자손)이 路邊客死格(노변객사격)이오.

坐(좌)가 傾仄(경측)하고 白虎(백호)에 腰帶石(요대석)이 있으면 虎厄水厄(호액수액)하고

白虎(백호)가 穴前(혈전)으로 沖砂(충사)가 되면 子孫(자손)이 蹇脚(건각)하고 男女狂人(남녀광인)을 出産(출산)하고 疝症(산증)과 淫行(음행)한다.

案高主低(안고주저)하거나 白虎(백호)가 횃대같이 婚返(혼반)하면 妻(처)가 聚財(취재)를 못하고 移徒(이사)를 많이 하고 貧賤(빈재)하다.

白虎(백호)가 大體(대체)로 立(입)하였으면 孝子孝婦(효자효부)을 낳고 聚財成家(취재성가)하여 文筆之士(문필지사)가 多出(다출)하고

白虎(백호)로 回頭(회두)하는 물이 越見(월견)이 되면 淫行敗(음행패)가 하며 女子十五(여자십오)세에 自婚(자혼)하여 陽明(양명)(申方)(신방)方洞開(방동개)하여 未乾方(미건방)에도 卽去(즉거)하면 少年百髮(소년백발)이오.

壬得壬破(임득임파)이면 老人(노인)이 門前乞食(문전걸식)하고

寅艮方(인간방)이 空虛(공허)하면 少年落齒(소년락치)이오.

案山(안산)이 不正(부정)하면 子孫(자손)이 目字(목자)가 不正(부정)하고 頭容(두용)이 不直(부직)하다.

案山(안산)이 散亂(산란)하면 子孫(자손)이 他鄕(타향)으로 分散(분산)하고

案山(안산)이 卦裙砂(괘군사)면 淫行(음행)이 많고

案山(안산)이 土山(토산)으로 層層廣石(층층광석)이면 頭風(두풍)과 眼病(안병)이 많고

靑龍(청룡)이 斷肩(단견)이면 長孫(장손)이 絶祀(절사)하고

靑龍(청룡)이 越見水口(월견수구)하면 亞者(아자)가 出(출)하고

靑龍(청룡)이 一字星(일자성)이면 少年慘喪(소년참상)이오.

靑龍砂(청룡소)가 穴前(혈전)으로 直射(직사)하면 獄死見謫敗家(옥사견적패가)

하고

靑龍(청룡)에 斷頭砂(단두사)가 있으면 大刑禍(대형화)가 있도다.

七、砂驗詩訣(사험시결)

자세히 砂(사)의 法(법)을 볼려면 天星吉凶(천성길흉)를 參照(참조)하라. 正龍脉眞血(정룡맥진혈)은 自然(자연)히 合(합)하니 六秀(육수)와 三合(삼합)이 全當(전당)치 못하다.

巨門方位(거문방위)에 高峰(고봉)이 있으야 子孫(자손)들 長壽(장수)할 것이며

文曲方位(문공방위)에 吉砂(길사)가 있으야 文筆(문필)과 科第(과제)를 求(구)할 것이며

土體(토체)가 端厚(단후)하야 誥軸(고축)을 버린 것 같고

木星(목성)이 高屹(고건)하면 貴人(귀인)의 形狀(형상)이라.

文曲水星方位(문곡수성방위)에 文筆峰(문필봉)이 天外(천외)에 솟으면 登科富貴高名(등과부귀고명)하리라.

貪狼方位(탐랑방위)에 倉庫砂(창고사)가 있으야 子孫(자손)의 財物(재물)이 豊盛(풍성)하며

武曲方位(무곡방위)에 武曲砂(무곡사) 있어야 子孫(자손)의 富貴榮華(부귀영화)

로다.

凶龍(흉룡)과 凶砂(흉사)는 克凶(극흉)이니 廉貞方(렴정방)은 凶包(흉포)하니 詳細(상세)히 보라. 破軍方位(파군방위)에 賊旗砂(적기사)면 戰地(전지)에서 死亡(사망)한다.

八、天星吉凶得破論(천성길흉득파론)

破軍(파군)은 … 破敗星(파패성)이니 吉星(길성)에 坐(좌)하여도 凶殺(흉살)이 오 凶敗(흉패)하리라.

墳墓中(분묘중)에 廉貞(렴정)이면 主(주)로 … 黃霧黃草(황수황초) 蛇廉(사렴) 水廉(수렴) 生屍生(생시생)하고 得(득)이면 上(상)에 入(입)하고 破(파)이면 下(하)에 入(입)하고 財産風波(재산풍파)와 離鄕敗家(향패가) 客死(객사) 疾病(질병) 破軍(파군)을 만나면 期年(기년)이 못되어 子孫(자손)이 死亡(사망)하고 奴婢(노비)가 相續(상속)한다.

祿存(록존)이면 上同(상동)이다.

貪狼(탐랑) 巨門(거문)이면 … 先貧後富(선빈후부)하나 離鄕(이향)해야 發福(발복)한다.

文曲(문곡)이면 … 先困後貴(선곤후귀)하며 先陰後科(선음후과)한다.

廉貞(렴정)이면 … 極凶(극흉)하여 離鄕(이향) 乞人(걸인) 獄死(옥사) 子孫不孝(자손불효) 蹇脚滅亡(건각멸상)한다.

子破(자파)에는 少年(소년)이 亡(망)하고 丑破(축파)에는 狂病(광병)이 生(생)하고

艮破(간파)에는 瘟死(온사)하고 寅破(인파)에는 虎厄(호액)하고 甲破(갑파)에는

孕胎(잉태)를 못하고

乙破(을파)에는 同(동) 火災(화재) 牛馬死(우마사)하고 巳破(사파)에는 結項(결항) 蛇傷(사상)하고

丙破(병파)에는 客死(객사)하고 午破(오파)에는 火災牛馬死(화재우마사)하고

丁癸破(정계파)에는 奴婢亡(노비망)하고 未破(미파)에는 乞人(걸인)이 되고

는 牛馬死(우마사)한다.

申破(신파)에는 客刀死亡(객도사망)하고 坤破(곤파)에는 母先亡(모선망) 又(우)

龍脈(용맥)에 破軍(파군)이면 工匠(공근)이 生(생)하고 周流死方(주류사망)

하다가 待軍(대군)에 死亡(사망)한다.

重要(중요)한 것은 陰宅要訣(음택요결) 靑松先生著求讀天星吉凶得破詩訣解說(청송선생저구독천성길흉득파시결해설)에 參照(참조)하자.

九、論 九星紫岳卦

紫岳卦(자악괘)는 葬后(장후)에 發陰年代(발음년대)를 보는 法(법)이다.

假令(가령) 戌乾亥三坐(술건해삼좌)에서 未坤申三方(미곤신삼방) 즉 貪狼이 得水(득수)가 되면 當年(당년)부터 子孫(자손)에 慶事(경사)가 있다.

貪狼星(탐랑성)은 多子孫(다자손) 武曲星(무곡성)은 富(부)와 貴(귀)를 廉貞巨門星(렴정거문성)은 科甲 破軍星(과갑파군성)은 武將受勳(무장수훈) 祿存星(록존성)

은 女子必貴(여자필귀) 文曲星(문곡성)은 文章才士出(문장재사출) 廉貞星(렴정성)
은 慶事重重(경사중중) 輔弼星(보필성) 巨富(거부) 必出(필출)한다.
九星下(구성하)에 年數(년수)는 葬后(장후) 發陰(발음) 年代數(년대수)이다.

貪狼 當年 巨門 三年 祿存 十五年 文曲 十九年 廉貞 二十年 武曲 十五年
破軍 七年 輔弼 十一年 以上에 九星이 得水가 되면 九星 年代로 되리라

十、 九星配列

戌乾亥坐

未坤申方이 　貪狼　　丙午丁　　廉貞
壬子癸　　　巨門　　戌乾亥　　武曲
庚酉辛　　　祿存　　辰巽巳　　破軍
甲丑乙　　　文曲　　丑艮寅　　輔弼

未坤申坐

戌乾亥方	貪狼
丙午丁	巨門
丑艮寅	祿存
辰巽巳	文曲
壬子癸	廉貞
未坤申	武曲
甲卯乙	破軍
庚酉辛	輔弼

壬子癸坐

丙午丁	貪狼
戌乾亥	巨門
辰巽巳	祿存
丑艮寅	文曲

丙午丁坐

壬子癸	貪狼
未坤申	巨門
甲卯乙	祿存
庚酉辛	文曲
戌乾亥	廉貞
丙午丁	武曲
丑艮寅	破軍
辰巽巳	補弼

甲卯乙坐

辰巽巳	貪狼
丑艮寅	巨門
丙午丁	祿存
戌乾亥	文曲

庚酉辛坐

甲卯乙　輔弼
庚酉辛　破軍
壬子癸　武曲
未坤申　廉貞
丑艮寅　貪狼
辰巽巳　巨門
戌乾亥　祿存
丙午丁　文曲
甲卯乙　廉貞
庚酉辛　武曲
壬子癸　破軍
未坤申　輔弼

丑艮寅坐

庚酉辛　貪狼
甲卯乙　巨門
未坤申　祿存
壬子癸　文曲
辰巽巳　廉貞
丑艮寅　武曲
丙午丁　破軍
戌乾亥　輔弼

辰巽巳坐

甲卯乙　貪狼
庚酉辛　巨門
壬子癸　祿存
未坤申　文曲
丑艮寅　廉貞
辰巽巳　武曲
戌乾亥　破軍
丙午丁　輔弼

十一、吉砂(길사)

四金神(사금신)에 青雲(청운)은 乾坤艮巽峰(건곤간손봉)이요.

八將備(팔장비)에 朱門(주문)은 艮丙巽辛(간병손신) 兌丁甲庚(태정갑경)이오.

四維疊(사유량)에 極貴(극귀)는 乾坤艮巽(건곤간손)이오.

四勢高(사세고)에 極貴(극귀)는 寅申巳亥(인신사해)이오.

八局周(팔국주)에 大貴(대귀)는 甲庚丙壬乙辛(갑경병임을신) 丁癸(정계)이오.

三角峙(삼각치)에 華奢(화사)는 艮巽兌(간손태)이오.

五氣照(오기조)에 台輔(태보)는 金木水火土(금목수화토)이오.

三陽起(삼양기)에 文出(문출)은 巽丙丁(손병정)이오.

日月明(일월명)에 貴子(귀자)는 子午(자오)이오.

錄馬(록마)가에 錦(금) 衣貴(의귀)는 艮坤(간곤)이오.

子宮旺(자궁왕)에 子昌(자창)은 震艮坎(진간감)이오.

女山貴(여산귀)에 女出(여출)은 巽離兌(손리태)이오.

多財(다재)에는 艮厚(간후)해야 하고 得壽(득수)에는 丁高(정고)해야 한다.

乾金(건금)과 午馬(오마)는 蛇(사)에 繞印(요인)하면 喜(희)하다. 巳方(사방)의 邱山(구산)은 巳(사)이오.

三火秀(삼화수)의 大貴(대귀)는 丙午丁(병오정)이오.

二筆顯(이필현)에 魁科(괴과)는 巽辛(손산)이오.

赦文起(사문기)에 爲福(위복)은 庚丙 丁辛峰(경병정신봉)이오. 天柱高(천주고)에 爲慶(위경)은 乾峰(건봉)이오.

十二、又吉砂(우길사)

巽辛峯秀(손신봉수)하면 科甲(과갑)이나고 庚兌辛峯(경태신봉)이 高(고)하면 將軍(장군)이 난다.

申亥二山(신해이산)에 巽峯(손봉)이 보이면 必(필)히 主人(주인)이 丞相(승상)이 되리라.

亥山(해산)에 丙丁(병정)은 三台(삼태)가 낳고 艮山(간산)에 丁辛(정신)은 三公

(삼공)이 난다.

庚山(경산)에 辛(신)이 卯星(묘성)이오. 巳方(사방)에 卽(즉), 砂(사)는 巳方砂(사방사)이라.

艮山(간산)에 丙丁峯(병정봉)이면 千石名振(천석명진)이라. 庚山(경산)에 卽艮(즉간)이오. 艮山(간산)에 丁(정)이오. 丙丁山(병정산)에 亥艮(해간)이면 田庄(전장)이 盛(성)한다.

兌山(태산)에 丁峯(정봉)은 長壽(장수)하며 신동도 出(출)한다.

艮山(간산)에 丁峯(정봉)은 神童砂(신동사)가 되고 庚峯秀(경봉수) 보이면 兵權(병권)을 잡는다.

神童砂(신동사)가 되고 震山(진산)에 庚峯秀(경봉수) 보이면 丙峯(병봉)은 古今通達(고금통달)이라. 萬若(만약) 辛峯(신봉)이 尖烈秀(첨렬수) 하면 黃金(황금)이 항상 華奢(화사)하다.

艮峯(간봉)이 高(고)하면 財錦(재금)이 豊(풍)하고 丁峯(정봉)이 高(고)하면 老人星(노인성)이라.

乾金(건금)에 午(오)가 第一(제일)이오. 丁峯(정봉)이 秀(수)하면 이것이 金階

(금계)이라.

乾坤艮巽(건곤간손)이 大赦文(대사문)이오. 甲庚丙壬(갑경병임)이 小赦文(소사문)이오. 墓(묘)와 宅(택)이 赦文(사문)을 만나면 昌吉(창길)하고 聽名材智(청명재지)의 文章(문장)이 난다.

第三章

一、赦文水 (사문수)

艮山에 兌水이오. 震庚亥未山에 巽水이오. 兌山에 艮水이오. 巽山에 震庚亥未水이오. 午山에 壬水이오. 壬坎山에 午水이오. 癸山에 坎水이오.

二、陽坐山 (양좌산)

乾甲 山에 巽辛水면 木溓이고 坤乙 山에 震庚亥未水면 木溓이고 坎癸 申辰 山에 兌丁巳丑 水면 水患溓이고 離壬寅戌 山에 艮丙水면 水火溓이라.

三、陰坐山 (음좌산)

震庚亥未山에 坤乙水면 水火濂이고 兌丁巳丑山에 坎癸申辰 水면 水火濂이고 巽辛山에 乾甲 水면 水木濂이고 艮丙山에 離壬寅戌 水면 水火蛇濂이다.

右는 淨陰陽濂 看法인데 文曲 綠存 水와 破軍과 補衰水이다.

四、二十四山 濂法 (이십사산 렴법)

子山에 壬水면 火蛇濂이고 癸山에 丁水면 水氷濂이고

寅山에 丙水면 火濂이고 巳水면 水濂이다.

艮山에 午水이고 乾風이면 散骨氷濂이고

甲山에 甲水면 卯山에 午水면 木火濂이고

甲水면 濂雪死火濂이고 乙山에 癸水低와 庚水면 火風濂이고

辰山에 亥水면 水蛇濂이고 巽山에 乾水면 水蛇風濂이고

巳山에 癸戌水면 水火濂이고 丙山에 乙癸水면 白紙濂이고

午山에 丑水면 火土蛇潦이고 未山에 乙水면 水潦이고
坤山에 卯水면 水氷潦이고 申山에 卯水면 蛇潦이고
酉山에 寅水면 水火相沖이고
辛山에 巳水면 胎潦卵 같은 것이고
水土火潦外風散骨이고 亥山에 巳水면 風潦이고
戌山에 辰水면 蛇潦이고 庚山에 甲水면 氷潦이고
乾山에 巳水 得丙破면 木潦아니면 風潦骨이다。
山과 宅에 虎龍허리에 見水하면 潦貞이니 雖漸見細流라도 對皆凶이니
子孫이 滅絶하기나 或 賊名淫行 眼盲의 災厄이다。

五、收山 出水（수산 출수）

收山 은 山의 生旺氣를 收하야 到堂하여 去함이요 出水는 向上에 死絶衰病敗庫
가 出殺이다

六、本星年月日時 (본성년월일시)

貪狼木은 … 亥卯未이요.
巨門土는 … 辰戌丑未이요.
祿存土는 … (或水)는 辰戌丑未이요.
文曲水는 … 申子辰이요.
廉貞火는 … 寅午戌이요.
武曲金은 … 巳酉丑이요.
破軍金은 … 巳酉丑이요.
伏吟 木은 … 亥卯未이요.
左輔木 右弼火 … 火이므로 同一함.

第四章

一、龍脈栽穴論 (용맥재혈론)

右旋(우선) 癸丑龍坎入首乾坐 丙得卯破 丙午峯이 高秀(고수)하면 科甲連出(과갑련출)하고

丙午峯(병오봉)이 驛馬(역마) 같으면 駿馬(준마)가 門前(문전)에 있고

坤申峯(곤신봉)이 高秀(고수)하고 文曲星乙辰星(문곡성을진성)이 入來(입래)하면 龍穴(룡혈)이 相均(상균)하여 文武兼全(문무겸전)과 千石(천석)할것이고

乙辰峯(을진봉)이 奇妙(기묘)하고 文曲星(문곡성)이 入來(입래)하면 子孫(자손)이 少年登科(소년등과)할것이고

乙辰峯(을진봉)이 虎岩石(호암석)이 있으면 東國大將出産(동국대장출산)한다.

穴前(혈전)에 硯堂石(연당석)이 있으면 守令道伯(수령도백)이 나고 案對(안대)

가 羅杖石(라장석)이 羅列(나열)했으면 代代(대대)로 高官(고관)이 낳다.

癸丑龍(계축룡) 壬坎一節(임감일절) 亥入首乾坐(해입수건좌)에 卯得巳破(묘득사파)이면 君子(군자)가 支子孫(지자손)에 나고

亥入首 乾坤申得巳(해입수건곤신득사)에 見謫殺獄(견적살옥)한다.

壬坎龍(임감룡) 乾亥脈(건해맥) 辛戌坐(신술좌)면 穴前(혈전)이 短(단)하면 守令名振四方(수령명진사방)한다.

乾亥龍(건해룡) 辛戌脉庚酉坐(신술맥경유좌)에 甲卯得巽破(갑묘득손파)이면 武曲星入來(무곡성입래)까지 하면 子孫七八百石(자손칠팔백석)하고

辛戌龍(신술룡) 庚兌一節(경태일절) 坤申坐(곤신좌)에 乾得(건득) 巽破(손파)

穴前(혈전) 短(단)하고 武曲乙辰星入來(무곡을진성입래)하면 將軍出(장군출)

坤申龍(곤신룡) 丁未一節丙午坐(정미일절병오좌)에 乾亥文武曲星入來(건해문무곡성입래)하면 孝子忠臣(효자충신)낳고

丁午龍(정오룡) 丙午一節巽巳坐(병오일절손사좌)에 兌得癸丑破(태득계축파) 癸丑貴人入來(계축귀인입래)하면 子孫科甲(자손과갑)하고 丙午龍(병오룡) 巽巳一節

乙辰坐(손사일절을진좌)에 丙午得(병오득) 壬破辛戌文曲星入來(임파신술문곡성입래)하면 高秀(고수) 五百石(오백석)하고

巽巳龍(손사룡) 乙辰一節(을진일절) 甲卯坐(갑묘좌)에 丁未得卯破庚兌貪狼星入來(정미득묘파경태탐랑성입래)하면 萬石富貴(만석부귀)하고

甲卯龍(갑묘룡) 艮寅一節(간인일절) 癸丑坐(계축좌)에 巽得辛破未坤武曲星入來(손득신파미곤무곡성입래)하면 子孫榮華(자손영화)하고

乙辰龍(을진룡) 甲卯一節(갑묘일절) 艮寅坐(간인좌)에 未坤得庚破未坤文貪星入來(미곤득경파미곤문탐성입래)하면 萬石富貴(만석부귀)하고

壬坎龍(임감룡) 亥入首乾坐戌分金(해입수건좌술분금)에 錚錚水(쟁쟁수)가 穴前(혈전)에 流(류)하면 朝夕(조석)으로 開閉(개폐)함이요, 左右(좌우)에 天朝乾星(천조건성)이 空虛(공허)하고 武曲丙星入來(무곡병성입래)하면 一品守令(일품수령)하고, 平坡(평파)가 있으면 軍兵(군병)이 外城(외성)을 得衛(득위)함이오, 下平破(하평파)하며 陰毒自殺(음독자살)도 하리라.

民間(민간)에 貪慾(탐욕)함으로 削奪官職(삭탈관직)하고, 封庫罷職(봉고파직)하

二, 左旋(좌선)

壬坎龍坎癸坐(임감룡감계좌)에 靑龍水越見(청룡수월견)이면 半啞(반아)가 생기고

坤申龍庚兌坐(곤신룡경태좌)면 離鄕(이향) 敗家(패가)한다.

壬坎龍癸丑坐(임감룡계측좌)면 三代絶孫(삼대절손)하고, 癸丑龍艮寅坐(계축룡간인좌)면 當代宗孫死(당대종손사)하고

艮寅龍(간인룡) 甲卯坐(갑묘좌) 兌武曲星水(태무곡성수)가 穴前(혈전)으로 射(사)하면 子孫(자손)이 淫行見謫(음행견적)하고

甲卯龍(갑묘룡)乙辰坐(을진좌) 白虎水(백호수) 沖射(충사) 穴前(혈전)에 닿으면 狂病(광병) 蹇脚(건각) 子孫禍(자손화)가 있다. 乙辰龍(을진룡) 巽巳坐(손사좌) 乾亥風(건해풍)이 溢沖(일충)하면 醫藥術(의약술)로 敗家(패가)한다 巽巳龍(손사룡) 丁未坐(정미좌) 壬坎風(임감풍)이 溢沖(충사)하면 兒(아) 疾患(질환)으로 敗家(패가)한다.

第五章 二十四山尋龍入首一節 得破

一、右旋

壬子龍入首戌局에 甲卯得 丁未破
庚兌龍入首戌局에 壬子得 乙辰破
丙午龍入首戌局에 庚兌得 癸丑破
甲卯龍入首戌局에 丙午得 辛戌破
此格은 入丁이 旺하고 富貴地이니
到處에 明堂同看하라

二、左旋

壬子龍入首戌局에　坤申得乙辰破
庚兌龍入首戌局에　巽巳得癸丑破
丙午龍入首戌局에　艮寅得辛戌破
甲卯龍入首戌局에　乾亥得丁未破
此格은　子孫의　貪寒地이니　深察하라

三、右旋

乾亥龍入首戌局에　甲卯得丁未破
坤申龍入首戌局에　壬子得乙辰破
巽巳龍入首戌局에　庚兌得癸丑破
艮寅龍入首戌局에　丙午得辛戌破
此格은　子孫이　食票地이니　到處에　同看하라

四、左旋

乾亥龍入首戌局에　丁未得甲卯破
坤申龍入首戌局에　乙辰得壬子破
巽巳龍入首戌局에　癸丑得庚兌破
艮寅龍入首戌局에　辛戌得丙午破
此格은 獄死 喪妻 敗家한다

五、右旋

乙辰龍入首戌局에　乾亥得丁未破
癸丑龍入首戌局에　坤申得乙辰破
辛戌龍入首戌局에　巽巳得癸丑破
丁未龍入首戌局에　艮寅得辛戌破

此格은 人丁이 旺하고 富貴地이니
別處에 明堂이니 同看하라

第六章

一、朝案論 (조안론)

朝案(조안)이라 함은 穴前(혈전)에 砂(사)가 있음을 말함이니 或山(흑산) 或峯(흑봉) 或巒(흑안산) 或高(흑고) 或低(흑저) 或平(흑평) 或圓(흑원) 或拜(흑배) 緝(짐)한 者(자) 諸侯(제후)가 天子(천자)에게 朝會(조회)하는 것과 같음으로 朝(조)라 하오니 貴人(귀인)이 居案(거안)하야 分政(분정)하는 故(고)로 말하자면 朝案(조안)이라 한다 朝高(조고)하면 穴(혈)이 高(고)하고 案低(안저)하면 穴(혈)이 低處(저처)에 있고 又雲高(우운고)하여도 看(간)에 제하며 低(저)하여도 心(심)과 (廬)한다하니… 山(산)은 近(근)함이 마땅하나 近(근)하여도 凌壓(능압)하지 말아야 하며 遠(원)하면 氣(기)가 散(산)하나니라 葬法(장법)에 外樣(외양)이 秀麗(수려)해도 千萬山(전만산)이 一抱(일포)하여야 身案(신안)에 近(근)함만 같이 못하다하니 대개 外樣(외양)이 有情(유정)하고 近身

二、水勢論(수세론)

水勢(수세)라 함은 穴前(혈전)에 去來(거래)하는 水(수)이니 龍穴(용혈)에는 緊要(긴요)한 것임으로 藏書(장서)에 만약 水(수)가 傾斜(경사)하고 模砂(모사)하면 穴不眞(혈부진)이라 하니 來者(래자) 居者(거자)가 直射(직사)치 말고 玄字(현자)를 要(요)하니 眞龍(진룡)에는 得水(득수)가 或(혹) 天心(천심)을 取(취)하야 模抱(모포)로 居過(거과)하면 左右(좌우)로 얽어 놓은 같이 反背(반배)의 意(의)가 없어야 하고 登山(등산)하여 占穴(점혈)할때에 先看水勢(선간수세)

(근신)이 無情(무정)하면 可(가)히 輕取(경취)치 못할 것이며 近身(근신)이 多情(다정)하고 外樣(외양)이 無情(무정)하면 少(소)히 取(취)하지 못할 것이니 遠近(원근)을 相附(상부) 然后(연후)에 善(선)하며 또 朝山(조산)은 可(가)히 破區(파구)한데가 없어야 하며 朝對(조대)가 聚集(취집)하면 必(필)히 好地(호지)가 없다 하니 朝案(조안)은 有拜(유배) 有拱(유공) 有抱(유포)함이 好地(호지)로다

할 것이며 대개 龍(용)에 水(수)가 없으면 그 來龍(래용)이 明(명)치 못하고 穴(혈)에 水(수)가 없으면 그 住(주)함이 明(명)치 못하니 石人傳(석인전) 水勢無情(수세무정)이니 作穴(작혈)의 美(미)를 莫誇(막과)라 하니 水勢(수세)가 어찌 眞結乙地(진결을지)가 없겠는가 水(수)가 龍穴(용혈)에 重要(중요)하니 水(수)에는 朝水(조수) 橫水(횡수) 護水(호수)가 있으니 反此(반차)하면 穴(혈)이 不眞(불진)이라 水(수)라 함은 다 吉格(길격)인데 反此(반차)하면 穴不眞(혈불진) 雖或 水(수혹수)가 文曲(문곡) 廉貞(렬정) 死絶乙方(사절지방)으로 무터오면 穴不眞(혈불진)이요 反愛其害(반애기해)하며 또 高山(고산)에는 無水(무수)하고 結(결)하였으며 或無水(혹무수)가 結(결)하니 水(수)가 或(혹) 傾直(경직)이 보이지 않는 것이 無妨(무방)하다 龍穴(용혈)의 水(수)는 玄字(현자)로 屈曲(굴곡)함만 못하니 深究(심구)히 觀察(관찰)하라

三、地運妙用論(지운묘용론)

地運(지운)은 一步(일보)를 行(행)하면 一年(일년)이니 穴處(혈처)로부터 退行(퇴행)하여 舊脈(구맥)으로 二十步(이십보)이면 卽(즉) 二十年(이십년)의 富貴之地(부귀지지)이고 百步(백보)이면 百年(백년)이 富貴之地(부귀지지)이다 이렇게 計算(계산)해서 五年(오년) 發福(발복)이니 二十年(이십년) 發福(발복)이니 計(계)한다 主山(주산)이 萬主(만주)가 되고 案産(안산)이 次授(차수)이니 向(향)이 먼저 發福(발복)이라

四、岩石吉凶論(암석길흉론)

午未方(오미방)에 三尺石(삼척석)이 있으면 子孫(자손)에 聖賢(성현)이 나고 岩石(암석)이 墓下(묘하)에 立(입)하였으면 官祿(관록)을 當年(당년)에 얻고 猿頭石(원두석)이 主山(주산)을 見(견)하면 瘡病大風(창병대풍)이 가나는구나 辰巽石(진

순석(손석)이 高壓(고압)하면 子孫(자손)이 酒(주)로 急死(급사)하고 青龍上(청룡상)에 立石(입석)이면 梱外兵權(곤외병권)이다。

五、殺人局

巳丙之頭 … 乙辰坐
寅甲之頭 … 癸丑坐
壬亥之頭 … 辛兌坐
申庚之頭 … 丁未坐

六、滅門坐

戌生에는 … 艮坤寅申坐
亥生에는 … 乙辛辰戌坐
子生에는 … 乾巽巳亥坐
丑生에는 … 壬丙子午坐
卯生에는 … 甲庚卯酉坐
未生에는 … 丁癸丑未坐

土牛滅門坐（正五行看之）
水土命은 … 忌丑艮巽巳坐
金命은 … 忌艮寅戌亥坐
火命은 … 忌乾坤亥未坐
木命은 … 忌坤申巽坐

七、滅亡局

辛酉之頭 … 乾亥辛酉坤申壬亥坐
乙卯之頭 … 巽巳乙卯艮寅丙巳坐
子癸之頭 … 艮寅子癸乾亥寅申坐
午丁之頭 … 坤申午丁巽辰庚坐

八、雙金殺

戌亥龍 … 乾坐
辰巳龍 … 巽坐
丑寅龍 … 艮坐
未坤龍 … 申坐

九、裡殺

申子辰生은 ┄ 甲卯坐
巳酉丑生은 ┄ 壬子坐
寅午戌生은 ┄ 庚酉坐
亥卯未生은 ┄ 丙午生

十、黃泉坐

申子辰生은 ┄ 不居巽坐
巳酉丑生은 ┄ 不居艮坐
寅午戌生은 ┄ 不居乾坐
亥卯未生은 ┄ 不居坤坐

十一、暗金殺 (子孫敗家)

春三旬에는 ┄ 乙卯 辛卯 甲乙日
夏三旬에는 ┄ 丙午 戊午 丙丁日
秋三旬에는 ┄ 丁酉 辛酉 庚辛日
冬三旬에는 ┄ 壬子 丙子 壬癸日

十二、化命七殺 (一葬九死)

金命運 乙未 乙酉 丙午 丁巳 日
火命運 庚申 壬戌 壬癸 日
木命運 甲寅 庚申 辛酉 日
土命運 壬寅 甲寅 癸卯 日
水命運 己酉 己丑 己未 日

第三篇 形體論과 用語

第一章 形體論과 用語

※ 風水地理學의 실전에서는 무엇보다 重要한 것은 확실한 形體 즉, 物形이 아닐 수 없다. 잘 생긴 형체에서 정확한 곳을 찾는 眼目과 亡人과 明堂이 맞아 떨어질 때만이 비로서 發福이 진행되어 훌륭한 家門에 歷史를 이루어 낼 것이다.

拘臥形(구와형) … 개가 누워있는 형상
鷄巢形(계소형) … 닭이 집을 지은 형국
金環落地形(금환락지형) … 금반지가 떨어진 형국
孔雀張翼形(공작장익형) … 공작이 날개를 편 형국
君臣奉祖形(군신봉조형) … 임금과 신하가 조회하는 형
金龜沒泥形(금구몰니형) … 거북이가 물에서 나오는 형
金鱉沒泥形(금별몰니형) … 금색 자라가 물에서 나오는 형

金龜抱卵形(금구포란형) ‥ 거북이가 알을 낳은 형

金鱉抱卵形(금별포란형) ‥ 금 자라가 알을 낳는 형

救濟安民(구제안민) ‥ 뜻있는 사람에게 자리 내준다.

看龍法(간룡법) ‥ 산세를 보는 제1의 법술 (산에 들어 수도하는 것이 제일 빠름)

渴馬飲水形(갈마음수형) ‥ 목마른 말이 물을 마시는 형

驚天之賢(경천지현) ‥ 하늘이 놀란 만한 군자 출지형 (조선 八代明堂)중의 하나

君仙作隊(군선작대) ‥ 신선이 무리 지어 있는 형

金葬處(금장처) ‥ 仙人 端坐穴에 묘를 쓰면 山神이 노해 재액을 받는 다는 것.

掛燈穴(쾌등혈) ‥ 등불을 달아 놓은 형

九龍盤聚(구룡반취) ‥ 九龍이 주안상을 차려놓고 있는 형

九馬同食(구마동식) ‥ 九馬가 모여 식사하는 형

渴龍飲水(갈용음수) ‥ 목마른 용이 물을 마시는 형

渴鹿飮水(갈록음수) ‥ 목마른 사슴이 목을 축이는 형

貴人端坐(귀인단좌) ‥ 귀인이 앉아 있는 형

鷄金抱卵(금계포란) ‥ 금 닭이 알을 품은 형

金盤(금반) ‥ 금 쟁반 형. 원주 대전 춘천 남원 같은 곳. 금 반 형에는 반드시 美人(미인)산이 있으며 젓가락 형태 의 산도 있다.

枯巳掛樹(고사괘수) ‥ 죽은 뱀이 나무 가지에 걸려있는 형

過當水(과당수) ‥ 물이 묘를 싸고도는 것.

當門水(당문수) ‥ 물이 곧장 나감.

撲面水(박면수) ‥ 물이 곧장 들어옴. 묘에 물이 찬다.

金鷄倒形偃筆案(금계도형언필안) ‥ 금 닭이 넘어진 곳에는 문필 봉이 있어야.

金盤玉杯形(금반옥배형) ‥ 옥녀가 소반을 든 형국으로 삼 공 출지 이다.

金鷄縛翼形(금계박익형) ‥ 닭의 날개를 묶은 형으로 12대 천 석과 진사 출지

金龜拜龍形(금구배룡형) ‥ 거북이가 용에게 절하는 형. 삼대 등과지.

歸龍飮水形(귀룡음수형) ‥ 강과 호수가 있어야 십 이년 발명 거경이 난다.

九龍爭珠形(구룡쟁주형) ·· 아홉 룡이 구슬을 다투는 형

歸龍踐水形(귀룡천수형) ·· 집으로 돌아가는 용이 물을 밟고 가는 형

同氣感應(동기감응) (세상을 지배하며 대부 지속한다)

金烏啄屍形(금오탁시형) ·· 금 가마귀가 시체를 쪼는 형

金龜出伏形(금구출복형) ·· 거북이가 조금 나와 있는 것.

九拘同食形(구구동식형) ·· 아홉 마리의 개가 함께 밥 먹는 형

금비내落地形(낙지형) ·· 금비녀 같은 형. (김영삼 전대통령 선영 같은 곳)

金佛端坐形(금불단좌형) ·· 현무가 목 국으로 잘 정좌하는 상태 (옥녀 단 좌 는 금 국)

同氣感應(동기감응) ·· 인간은 흙에 살다 흙으로 되돌아간다. 유골이 땅에 묻혀 이 서로 감응하여 후손에게 영향을 주는 것.

東出西流(동출서류) ·· 물은 동에서 서로 흘러야 길한 것. (노무현 대통령 조부 선영은 남출 북류 라는데 … ?)(북진수구도있다)

靈龜飮水形(영구음수형) ·· 목마른 거북이 강물을 바라보고 내려가는 형

羅城(라성) ·· 저수지에 떠있는 섬 같은 것.

來八去八(래팔거팔) :: 여덟 팔자가 마주한 것.

龍長虎短(용장호단) (만대 영화지지) (태조이성계 선천묘와 같은 것)
:: 청룡은 길고 백호는 짧다. 명당 앞에 조 안은 서기가 충천 하고 만조백관이 절하는 것 같으니 가히 군왕지지니라.

龍虎相搏(용호상박) :: 용과 범이 대해 싸움.

無福無害之地(무복무해지지) :: 그저 편 한곳.

萬笏朝天(만홀조천) :: 문무백관이 도열 해있는 형

無欠大地(무흠대지) :: 성현을 장사지낼 만 한곳.

美女兒抱形(미녀아포형) :: 여인이 어린아이를 안고 있는 형

猛虎出林形(맹호출림형) :: 범이 수풀에서 나오는 형

梅花落地形(매화낙지형) :: 매화가 떨어져 있는 형

萬人可活之地(만인가활지지) :: 하늘이 만들어 준 공단

滿月形(만월형) :: 둥근 달의 형태 (묘에서 서쪽 방에 있는 것)

老龍樊天形(노용번천형) :: 늙은 용이 하늘 올라가는 형

老僧禮佛形(노승예불형) : 늙은 중이 예불을 올리는 형(안은 선인 봉이 있어야)

大將大坐形(대장대좌형) : 대장군이 크게 앉은 형. 문 무 부 절지

鳴鶴上天形(명학상천형) : 학이 울며 하늘을 날으는 형.

大江逆水金鏡形(대강역수금경형) : 대강이 역수로 흐르고 삼 태 명경이 비추는 형 (왕후지지) 선인무수와 현군이 안이며 칠 대 장 상 출 지지.

老牛乳犢形(노우유독경) : 늙은 소가 새끼소에게 젖을 주는 형(거부 공경이난다)

彎弓射賊形(만궁사적형) : 활로써 적을 쏘는 형(출지)

猛虎渡江形(맹호도강형) : 호랑이가 강을 건너는 형.

牧丹半開形(목단반계형) : 좌우용이 이삼중으로 잘 둘러싸이고 그안에 작은 봉우리가 들어 있는 것.

猛描弄鼠形(맹묘농서형) : 고양이가 쥐를 갖고 노는 형

冷屍穴(냉시혈) : 머리카락과 손발톱이 기는 혈

老鼠下田形(노서하전형) : 늙은 쥐가 곡식을 먹기 위해 내려오는 형

盜屍穴(도시혈) : 관이 아래로 내려와 있는 혈

挑花落地穴(도화낙지혈) ‥ 복숭아꽃이 떨어지면 사람들이 애석해 한다. 그러므로 만인의 추앙을 받을 수 있다.

寶劍出匣形(보검출갑형) ‥ 희대의 보검 한번 나오면 천하를 재단할 정도의 인물 출.

寶劍藏匣形(보검장갑형) ‥ 갑 속에 들어있는 보검

鳳凰歸巢形(봉황귀소형) ‥ 봉황이 둥지를 찾아가는 형

百骨積惡(백골적악) ‥ 나쁜 자리를 좋다고 속이는 것(천벌에 해당)

飛龍弄珠形(비룡농주형) ‥ 날으는 용이 여의주를 갖고 노는 형

飛鳳抱卵形(비봉포란형) ‥ 봉이 알을 품는 형

飛鳳愛竹(비봉애죽) ‥ 봉은 대나무를 좋아한다.

白鳩下水形(백구하수형) ‥ 백 갈매기가 물에 내려앉은 형

伏雉形(복치형) ‥ 꿩이 엎드린 상태

牛月形(반월형) ‥ 반달의 모습

牛弓形(반궁형) ‥ 회룡 고조 형식.

飛鶴抱卵形(비학포란형) ‥ 학이 알을 품고 있는 형

望拜(망배) ‥ 멀리서 바라보고 인사하는 것.

伏兎望月形(복토망월형) ‥ 엎드린 토끼가 달을 바라보는 형

伏虎走狗案(복호주구안) ‥ 범이 엎드린 형국 안에는 달아나는 개가 있어야 (문무연출) 한다.

飛鳳尋巢形有獨山(비봉심소형유독산) ‥ 나는 봉이 집을 찾는 형국 에는 우뚝 선 조산 이어야 한다.

飛鷹逐兎形(비응축토형) ‥ 날으는 매가 토끼를 쫓는 형. 名公巨卿 부절지지

伏鐘形(복종형) ‥ 장상 부절지지

鳳巢抱卵(봉소포란) ‥ 봉이 집의 알을 품는 형. 이년 내 생기 자출

飛卯登天形(비묘등천형) ‥ 토끼가 하늘로 올라가는 형. (三十世發福)

飛鶴舞空形(비학무공형) ‥ 학이 공중에서 춤을 추는 형

百鶴展翼形(백학전익형) ‥ 백마리의 학이 날개짓 하는 형. 누각처럼 생긴 산들 이 안이 돼야 남녀 자손들이 천복을 타고난다.

伏兎備延形(복토비연형) ‥ 엎드린 토끼가 먹이를 놓고 침을 흘리는 격

(六判五承十二大富貴之地)

飛龍望海形(비룡망해형) ‥ 길게 나온 용이 바다를 바라보는 형

飛天蜈蚣形(비천오공형) ‥ 지네가 하늘로 날으는 형

蜂房形(봉방형) ‥ 좌우 청룡이 둥글게 감싸 안고 그 안에 벌의 머리 모양을 한 형세

伏狗形(복구형) ‥ 양다리가 짧고 머리가 약간 나왔으며 현룡이 길지 않다.

伏龍登天形(복룡등천형) ‥ 엎드린 용이 다시 일어나는 형

水濂(수렴) ‥ 수맥이 지나는 곳에 시신을 묻거나 청룡이 부실해 그 너머로 물이 보이면 관속에 물이 고이고 시체가 녹아내리거나 엎어지는 경우가 생긴다.

風濂(풍렴) ‥ 서북간의 칼바람을 맞으면 관에 바람이 들어 시신이 부석 부석해 자손이 흉사를 한다.

仙人放鶴形(선인방학형) ‥ 신선과 학이 노는 형. 대 도인이 묻힐 만한 곳.

仙人聚會形(선인취회형) ‥ 신선 들이 모여 있는 형

仙人舞袖形(선인무수형) ‥ 신선이 춤을 추는 형

十字通氣形(십자통기형) ‥ 혈을 중심으로 전후좌우에 있는 산을 연결하면 십자 형이 된다. 곳 天心十道의 의미 이다.

山太極水太極(산태극수태극) ‥ 산과 물이 S(에스)字 형으로 흐르는 것.

仙鶴下田(선학하전) ‥ 학이 날아와 앉는 형

仙鶴觀亡形(선학관망형) ‥ 학이 날개를 접고 고개를 들고 있는 형

新導者案(신도자안) ‥ 산이 북에서 동서로 둘러싸여 봉황이 춤을 추듯 안 산이 군주에게 예 읍하며 좌우에서 흘러나오는 명당 수가 합수하여 크게 막는다면 천하제국의 조공을 받 는다.

生居南原(생거남원) ‥ 死居任實 이라.

生居鎭川(생거진천) ‥ 死居龍仁 이다.

仙人吹笛形(선인취적형) ‥ 선인이 피리 부는 형

四神八將(사신팔장) ‥ 동서 사방과 각 間(간)방이 기립한 형

仙人醉臥形(선인취와형) ‥ 선인이 술 마시고 누워 있는 형

山飛水去形(산비수거형) ‥ 산이 흩어지고 물이 곧게 나가는 것.

三九不動塚(삼구부동총) ‥ 3월과 9월은 개장을 안 한다.

三千粉臺八百煙火(삼천분대팔백연화) ‥ 혈 주변에 삼천의 봉우리와 팔백개의 등불이 켜진 형국 제갈량 같은 성인이 출.

三天貴人(삼천귀인) ‥ 관모와 같은 세 봉우리를 합쳐 극귀현덕(極貴賢德)으로 표상

三淸(삼청) ‥ 玉淸。上淸。大淸。 인간이 희구할 수 없는 도가의 최고의 이상향

身後之地(신후지지) ‥ 자신이 죽어 들어 살 곳.

獅子仰天穴(사자앙천혈) ‥ 백수의 제왕인 사자가 하늘을 향해 고함치는 형

仙人讀書形(선인독서형) ‥ 선인이 독서 하는 형

石上之穴(석상지혈) ‥ 석상위에 흙이 있는 혈

生蛇呑蛙形(생사탄와형) ‥ 뱀이 개구리를 삼키는 형. 청룡백호는 짧으며 안산이 솟아 있다.

生蛇呑花形(생사탄화형) ‥ 뱀이 꽃을 먹는 형. 안이 독산. 조산은 삼봉이며 문부부절 백자천손 지지

仙人隱孤形(선인은고형) ·· 신선이 홀로 있는 형. 안은 옥녀가 소 받드는 것.

上帝奉祖形(상제봉조형) ·· 상제가 군신들을 모아놓고 조회하는 형. 보국지지 (輔國之材) 만대영화.

三龍馬飮水形(삼룡마음수형) ·· 세 마리의 용마가 물 마시는 형. 대체로 군왕 봉이 있는 곳에 있다. 칠대문과(一品傳家)

仙女長乳形(선녀장유형) ·· 어머니가 아기에게 젖을 주는 형. 안에 서 아사가 있어야 한다. 산에 따라 일품 재상 지지

仙人望月形(선인망월형) ·· 신선이 서서 달을 보는 형

月眉形(월미형) ·· 눈썹 달 형

燕巢形(연소형) ·· 제비집 형태

五龍爭珠形(오룡쟁주형) ·· 다섯용이 구슬을 놓고 다툼.

玉女開花形(옥녀개화) ·· (女氣)가 용출한 곳.

玉女奉盤(옥녀봉반) ·· 옥녀가 쟁반을 바쳐 든 형

玉女伏盤(옥녀복반) ·· 옥녀(궁녀)가 왕후에게 바치는 음식. (인왕산 왕비 봉. 대천명2권에 수록된 형태)

玉女下降形(옥녀하강형) ‥ 선녀가 내려오는 모습

玉女登天形(옥녀등천형) ‥ 선녀가 하늘로 올라가는 형

玉女端坐形(옥녀단좌) ‥ 옥녀(여장군)가 정좌한 상태

五寶交聚(오보교취) ‥ 다섯 개의 보배로운 산이 모여 교감을 이루는 형

玉女分娩形(옥녀분만형) ‥ 여자가 아이를 낳는 형

玉瓶貯水形(옥병저수형) ‥ 안동김씨 시조 묘와 같은 형. 꽃병을 누인 형태.

五德岳(오덕악) ‥ 금 목 수 화 토, 즉 (圓形) (直形) (曲形) (尖形) (方形)중 하나만 빠져도 군왕이 될 수 없다. 청룡 방에는 어머니가 아이 젖을 먹이는 형체나 금 계, 봉황 (八判) (八公) 등이 도열해 있어야 한다. 백 호는 범이 다소곳이 고개 숙인 형체요. 좌 현무에는 말과 대장군이 기립해 있는 형체요. 우현무에는 문 필봉이 기립해 있어야 하며 中央에는 帝가 형체 즉, 제왕이 기립한 형태 또 정좌한 형태에서는 반드시 군왕의 (金帶) 또는 병풍형체가 있다. 안산의 큰 책상

以返不絶(이반부절) : 형국과 조산에는 (帝)자 형체가 있어야 필출 군왕지지라 할수 있다.

龍馬登空形(용마등공형) : 명당수가 흘러 가다가 砂가 가로 막혀 버리면 기가 빠져 나가지 못하니 순환 작용이 않되기 때문에 부적절 하다.

五仙圍基形(오선위기형) : 다섯 신선이 바둑 두는 형

五獸不動格(오수부동격) : 고양이는 쥐를 붙들어 놓고 개가 지키고 개는 호랑이가 감시하고 호랑이는 코키리가 감시해 세력의 견제와 균형을 꾀한다.

玉女散髮形(옥녀산발형) : 안산에 빛이나 거울 분갑 등이 있어야 (才子佳人)격 이다.

玉女蒼空唱歌形(옥녀창공창가형) : 옥녀가 하늘로 날으며 노래하는 형

五不山(오부산) ‥ 童山. 나무나 돌이 없이 밋밋한 산 斷山. 용이 오다가 뚝 끊긴 산.

石山(석산) ‥ 흙이 없는 돌 산

過山(과산) ‥ 지맥이 머물지 않고 지나는 산

獨山(독산) ‥ 홀로 서서 생기를 받을수 없는 산

龍(용) ‥ 용은 짐승들의 속성을 한몸에 지녔다. 뿔은 사슴. 머리는 소. 입생 말. 눈은 두꺼비. 귀는 코끼리. 비늘은 물고기. 배는 뱀. 수염은 사람. 발은 봉황과 닮았다. 날개는 없어도 구름을 타고 오르는 실로 축복 받은 짐승이 아닐수 없다.

五馬作隊(오마작대) ‥ 다섯 말이 떼 지어 있는 형

蓮花倒水形(연화도수형) ‥ 연꽃이 열매를 맺어 물위에 떠 있는 형

日月相抱形(일월상포형) ‥ 해와 달이 서로 마주보는 형

兩鳳相樂形(양봉상락형) ‥ 두 봉이 서로 즐기는 형

蓮花半開形(연화반개형) ‥ 연꽃이 반쯤 핀 것.

臥牛形(와우형) ‥ 소가 누워 있는 형

玉女彈琴形(옥녀탄금형) ‥ 옥녀가 가야금을 켜는 모습

玉女織錦形(옥녀직금형) ‥ 옥녀가 비단을 짜는 모습

玉淚落地形(옥루낙지형) ‥ 임금이 와서 눈물을 떨구는 형

雲中仙鶴(운중선학) ‥ 구름 속에서 노는 학

臥龍弄珠形(와룡농주형) ‥ 용이 여의주를 갖고 노는 형

乳頭穴(유두혈) ‥ 두개의 와형을 이룬 곳. 한강의 형체 서울의 용산구 와 성동구가 합쳐진 형과 같은 것.

蜈蚣形蚯蚓案火山之地(오공형구인안화산지지) ‥ 지내 형국은 안산에 지렁이 형이 있으며 (火山)화산 이다.

臥龍飮水形(와룡음수형) ‥ 누운 용이 물 마시는 형

伏龍登山形(복룡등산형) ‥ 엎드린 용이 산에 오르는 형. 심대(沁)지지

游虎形前有眼狗形(유호형전유안구형) ‥ 범이 놀고 있는 형 앞에는 개가 있어야 한다.

五龍有生熊結縛形(오룡유생웅결박형) ‥ 다섯 용이 곰을 생포 형국 대부 대귀 한다.

六秀龍富貴之地(육수룡부귀지지) ‥ 여섯 봉이 기립해 있는 형

魚龍變化形(어룡변화형) ‥ 물고기 용으로 변하는 형

244 • 대천명

有端正月浦島形(유단정월포도형) :: 용이 구슬을 희롱하는 형으로 앞에는 (臥石)

有伏兎形走狗案(유복토형주구안) :: 엎드린 토끼 형국에는 달아나는 개가 안이 있고 뒤에는 서 있는, 즉 붓대석이 있으면 월포도 이다. 되나 개의 머리가 돌아 있어야 한다.

玉堂將上之地(옥당장상지지) :: 장군이 백마를 탄 형국으로 넓은들과 멀리 큰물 이 있어야 將相이 난다.

玉女舞袖形(옥녀무수형) :: 옥녀가 춤을 추는 형

玉女調鼎形(옥녀조정형) :: 옥녀가 솥을 조정하는 형. 부귀지지

有猫坐形(유묘좌형) :: 고양이가 앉아 있는 형

雲中飛龍形(운중비룡형) :: 나는 용이 구름 가운데 있는 형

臥龍望海形(와룡망해형) :: 누운 용이 큰물을 보는 형이며 구슬이 안이다.

游魚上灘形(유어상탄형) :: 고기가 여울을 타고 오르는 형

五鳳爭巢形(오봉쟁소형) :: 다섯 봉이 다투어 집을 찾는 형

躍馬赴敵形(약마부적형) :: 말이 뛰어 적진으로 뛰어드는 형. 손님을 맞이해 대사를 논하게 함이 심대에 이른다.

龍瓜下兩形(용과하양형) ‥ 용이 내려와 두손으로 오이를 잡으려는 형.

玉兎望月形(옥토망월형) ‥ 토끼가 달을 바라보는 형

夷龍弄珠形(이룡농주형) ‥ 혈전에 작은 사가 있는 것. 곧 잡아먹을 듯한 형세

玉女側臥擊鼓形(옥녀측와격고형) ‥ 옥녀가 비스듬 누워 북을 치는 형

玉女蛤開形(옥녀합개형) ‥ 옥녀가 양다리를 조개처럼 벌린 형

也字形(야자형) ‥ 야字와 같은 형세

龍馬負圖形(용마부도형) ‥ 용마가 짐을 가득 싣고 날으는 형 현무 그림처럼 짐의 모습이 따라야.

玉帶形(옥대형) ‥ 임금이 허리띠를 벗어 놓은 형. 아산 즉 구 온양(초등학교)에서 남방을 향해 광덕산 정상들을 자세히 보면 된다. 또는 목국아래 좌우룡이 잘 감싸고 그안에 옥대를 벗어놓은 형.

漁翁水釣形(어옹수조형) ‥ 늙은이가 고기를 낚시로 잡아 올리는 형. 목국으로 된 현무와 백호가 좌로 길게 간다. 즉 좌선용 그 끝

五峰山臥牛形(오봉산와우형) ‥ 다섯 개의 봉우리가 현무에 따라 붙고 좌선용으로 돼야 함.

雲中滿月(운중만월) ‥ 구름속의 둥근달 형체

切脈之禍(절맥지화) ‥ (지내혈) 머리를 꼬리 쪽으로 돌린 혈

天宮仙女玉盤選珠形(천궁선녀옥반선주형) ‥ 하늘의 선녀가 옥쟁반에 구슬을 담아드는 격

靑鶴舞翔形(청학무상형) ‥ 청학이 춤을 추는 형

將軍對坐形(장군대좌형) ‥ 장군이 군사를 거느리고 앉아 있는 형

天獄(천옥). 天屋(천옥). ‥ 사방이 산으로 싸여 모든 것이 막혀버린 것과. 하늘이 만들어준 집이있음.

天乙太乙星(천을태을성) ‥ 명월 뒤에 좌우로 치솟은 봉우리

土中浴(토중욕) ‥ 나무그늘아래 흙구덩이를 파고 맨 몸으로 들어가 머리만 내놓고 하루 종일 보내는 것. 땅과 나무의 생기를 얻어 잡병을 고치고 (回春)회춘 하는 일종의

생기 풍수.

將軍對坐佩劍形(장군대좌패검형) ‥ 장군이 양옆에 칼을 찬 모습. 산소 양쪽바위 잘 써야 천하대 명장이 난다. 잘 못쓰면 도적내지 칼 쟁이가 난다.

主人峰(주인봉) ‥ 명당국 에서 가까운 봉우리가 있으면 자기 사람만 쓴다.

衆山聚處(중산취처) ‥ 산이 모이는 곳.

衆山止處(중산지처) ‥ 산이 다한 곳.

天馬嘶風形(천마시풍형) ‥ 천마가 바람을 보고 우는 형이요.

天藏地秘(천장지비) ‥ 하늘과 땅에서 감춰둔 것이 명당이다.

土山之下 石山而穴 石山之下 土山二穴 ‥ 흙산에는 바위가 있는 곳이 명당이요, 돌산에는 흙이 있는 곳이 명당 이라.

追吉避凶(추길피흉) ‥ 좋은 집터를 잡아 행운을 구하고 좋은 묘 터를 구해 자손의 번영을 꾀한다.

胡僧禮佛形(호승예불형) ‥ 승려가 부처님께 예불 하는 형

虛華(허화) ‥ 생기가 살아나는 땅.

天地人(천지인) ‥ 上中下의 三穴

占穴法(점혈법) ‥ 산세를 보는 제1의 법술

將軍起立形(장군기립형) ‥ 장군이 칼을 들고 서있는 형(수덕사 뒷산유)

絶孫之地(절손지지) ‥ 청룡이 시계 반대 방향으로 가는 곳.

竹實(죽실) ‥ 봉황은 대나무 열매를 먹고 산다.

行牛形(행우형) ‥ 소가 걸어가는 형

火山形(화산형) ‥ 서울 관악산. 천안 흑 성산 과 흡사한 것.

華蓋誥祝(화개고축) ‥ 승려가 축문을 읽는 형

千子萬孫(천자만손) 興國運(흥국운) 香火不絶之地(향화부절지지) ‥ 천만 명의 후손이 끊이지 않고 나라의 운명과 더불어 제사 지낼 만한 곳.

積草形(적초형) ‥ 풀을 쌓아 놓은 형

天時不如地利 地利不如人和(천시불여지리 지리불여인화) ‥ 타고난 운과 지기도 중요하나 인간성과 주체적 노력이 뒷받침 돼야 한다

는 뜻으로 해석해야.

千年文筆之地(천년문필지지) ‥ 기라성 같은 문사 들이 줄지어 있는 형

天仙誕降(천선탄강) ‥ 신선이 내려오는 형

忠孝世業(충효세업) 淸白家聲(청백가성) ‥ 지극히 물이 맑고 산세가 수려해야 충신 효자가 출하여 백 가정을 크게 이루어 간다는 뜻.

長蛇逐蛙形(장사축와형) ‥ 긴 뱀이 개구리를 잡기위해 쫓는 형

啼窪之內 不生蛟龍(제와지내 불생교룡) ‥ 웅덩이에 괸 물에서는 용이 나지 않는다는 뜻.

至尊堂床(지존당상) ‥ 군왕이 앉는 자리. 곳, 군왕

至尊之穴(지존지혈) ‥ 생 룡 모습의 정혈

七星形三台(칠성형삼태) ‥ 일곱 개의 봉우리가 얽혀 있는 곳에는 삼태가 안이다.

天馬脫鞍形(천마탈안형) ‥ 천마가 안장을 벗어 놓은 형국

千哨望軍形(천초망군형) ‥ 일천의 군대가 바라보는 형

將軍望陣形(장군망진형) ‥ 장군이 진을 바라보는 형 주산에 큰길과 포구가 있음.

將軍擊鼓形(장군격고형) ‥ 전쟁 중에 장군이 북을 치는 형

天蜈降地形(천오강지형) ‥ 하늘에서 지내가 내려오는 형

千年享國公卿后飛地(천년향국공경후비지) ‥ 천년 세월 동안 공경과 왕후를 낸다 는 것.

靑鷄包卵形(청계포란형) ‥ 산이 푸르는곳 대체적으로 庚酉坐 (경유좌)에 있슴.

將軍坐幕形(장군좌막형) ‥ 대장군이 막 사안에 든 격. 명성이 천고에 까지 간다.

草蛇廳蛙形(초사청와형) ‥ 뱀이 풀숲에서 개구리 소리를 듣고 나오는 형

天女登空形(천녀등공형) ‥ 현무가 목 국으로 치솟고 좌 우 용이 마치 치맛자 락처럼 흐트러진 깃.

天馬蒼空形(천마창공형) ‥ 천마가 날으는 형 혈이 두세 개로 이어짐. 역시 큰 산에서 내려옴.

將軍劍舞形(장군검무형) ‥ 장군이 검을 들고 춤추는 형

將軍出陣形(장군출진형) ‥ 현무가 줄지어 따라오고 좌안 우안에 여럿이 서있는 형. 잘생긴 현무들이 줄을 있고 마지막 혈장을 맺어 줄지은 조안 들을 진압 하는 형세

土也字形(토야자형) ‥ 흙토 아래 야자가 붙은 형

天帝玉印形(천제옥인형) ‥ 천제가 쓰는 도장 형

天字形(천자형) ‥ 천 자형. 말 그대로 천자와 같다.

吹笛形(취적형) ‥ 대나무가 바람에 흐늘거리듯 강약이 함께한, 여러 혈장으로 내려온 형

天鼠下降形(천서하강형) ‥ 북쪽 하늘에서 쥐가 내려오는 형

八字眉穴(팔자미혈) ‥ 여덟 팔자 형

行舟形(행주형) ‥ 배가 떠있는, 즉 평양이나 여의도 행주산성 같은 곳. 용의 형상이 재를 담은 자루와 같으면 매 말라 생기가 없으니, 흉 지이고 남서풍이 들어오면 화재가 미쳐 불이 나는 흉 지이다.

平砂落雁(평사낙안) ‥ 기러기가 모래밭에 내려앉는 형

鴻谷丹楓形(홍곡단풍형) ‥ 기러기가 단풍 든 골짜기에 찾아드는 형

縣裙形(현군형) ‥ 여근 즉, 백호가 치맛자락처럼 된 것.

風水(풍수)의 八戒(팔계)

一. 法宗 繼丞(법종 계승) ‥ 정통성에 관한 학 맥으로 바로 만나야 함.

二. 讀書 明理(독서 명리) ‥ 많은 풍수서적을 속독 하다.

三. 多看 仙跡(다간 선적) ‥ 독서 영리로 얻은 이론이 실제 맞는지 관산을 많이 한다.

四. 專心 取知(전심 취지) ‥ 오로지 풍수에만 마음을 굳혀라.

五. 先要 正心(선요 정심) ‥ 먼저 마음의 자리를 찾고 느껴야 한다.

六. 天地 正心(천지 정심) ‥ 하늘과 낭에 정직 하라.

七. 天地 敬道(천지 경도) ‥ 먼저 땅을 내 몸과 같이 대하고 하늘을 공경하여 도를 통하라.

八. 天地 允許(천지 윤허) ‥ 반드시 천지간의 허락을 받고 하라.

偕老同穴(해로동혈) ‥ 살아서는 함께 살고 죽어서는 같은 자리에.

天梯星(천제성) ‥ 천제성(砂)란 천자가 하늘로 올라 갈때 밟고 올라가는 사닥다리.

四神砂(사신사) ‥ (左靑龍) (右白虎) (前朱雀) (後玄武)

風水最忌深坑谷 (又水口無回直出水) ‥ 묘터의 뒤로는 반드시 주산이 있어 병풍처럼 울타리가 있어 감싸 안아 주어야 하며 수구의 물이 돌지 않고 직출하면 아니 된다.

直來直去不用 (직래직거불용) ‥ 바르게 오거나 바르게 나가는 것은 못 쓴다.

神眼(신안) ‥ 조상으로부터 또는 자신이 전생에 갖고 나온 것이나 이생에서 기도를 약간하여 득한 神術 풍수지리에서는 조심해야 할 대상.

道眼(도안) ‥ 굿이 찾아보지 않아도 보이고 진룡의 혈처와 형국을 한눈에 헤아리며 혈형 氣留止處 前後左右 四勢八方 後人出名 까지 헤아리게 된다. 천년에 한두 명 나올까?

法眼(법안) ‥ 다간 서적 하고 옳바른 문서를 독파한자. 풍수지리는 理氣만으로 할수 없는 것.

行舟形三櫓案 (행주형삼로안) ‥ 배가 가는 형국에는 세 개의 노가 안이다.

回龍陰山形(회룡음산형) ‥ 용이 돌아와 숨는 형. 오 공 비천과 鉗砂(겸사) 안 삼대정승 재사백자 천 손 지 지.

花心牛吐形(화심반토형) ‥ 꽃 심이 반쯤 터져 나온 형

風吹羅帶形(풍취라대형) ‥ 바람 부는데 옷 띠 벌려진 형

八道御使陸出之地(팔도어사육출지지) ‥ 봉이 알을 품고 조산이 천태이며 청룡이 길고 백호가 짧게 서로 감싸고 있다. 혈처는 놀 형.

虎尾形(호미형) ‥ 호랑이 꼬리에 해당 된다. 27대 만석군

黑牛望月形(흑우망월형) ‥ 검은소가 달을 바라보는 형. 백자천손 三判出出 지지.

黃龍越海形(황룡월해형) ‥ 황룡이 바다를 건너는 형.

黃龍金玉大人負舟形(황룡금옥대인부주형) ‥ 황룡이 배에 태운 금옥과 大人들을 안내하는 형.

海龍弄珠形(해룡농주형) ‥ 바다가 용이 구슬을 가지고 노는 형. 장후 팔년 내 대대 淸官지지.

黃龍渡江形(황룡도강형) ‥ 청룡백호 현무가 대단한 국을 갖춘 곳에서 나오는

胡僧拜佛形(호승배불형)…정혈은 잘 앉아있고 좌우 청룡 쪽에서 또는 안산이 절하는 것과 같은 형

行牛望草(행우망초)…소가 풀 더미를 보고 있는 형

雍容不迫(옹용부박)…온화하고 너그러워 답답하지 않아야 한다는 뜻.

不蓄之穴(불축지혈)은 是爲腐骨(시위부골)이오. 不及之穴生人絶滅(불급지혈생인절멸)이라. 생기를 모으지 못하는 혈은 벼가 썩을 것이오. 생기가 이르지 못하는 혈은 모두 망한다.

天光下臨(천광하임)하고 百川同歸(백천동귀)한데 眞龍所泊(진룡소박)이 孰下玄微(숙변현미)리오. 하늘빛이 내리고 모든 하천이 한곳으로 모이는 곳에 진룡이 머무는데 그 길고 미묘함을 그 누가 분별하랴.

斷而復續(단이복속)하고 去而復留(거이복류)하며 奇異相(기이상)함은 千金難求(천금난구)라. 끊어질 듯하다가 디시 이어지고 가는 듯

葬近祖墳(장근조분) 이면 殃及兒孫(앙급아손) 이라.

산소 근처에 함부로 장사 지내면 재앙이 손자에게까지 미친다.

하다가 다시 머무는 기이한 자리를 천금을 주고도 얻기 힘들다.

子息者(자식자)는 父母之遺體也(부모지유체야)라.

자식이란 부모가 남겨 놓은 몸이다.

毫釐之差禍福千里(호리지차화복천리)라.

털끝만한 차이라도 화복이 천리의 거리가 생긴다.

地有四勢氣從八方(지유사세기종팔방) 이라.

땅에 사세가 있으며 기는 팔방에 따른다.

夫陰陽之氣(부음양지기)는 噫而爲風(희이위풍) 이요, 升而爲雲(승이위운) 이며 行乎地中(행평지중) 이면 則(즉) 爲生氣(위생기)라.

대천명 • 257

氣承風散(기승풍산) ‥ 地氣는 바람을 맞으면 흩어진다.

界水則之(계수즉지) ‥ 기는 물을 만나면 멈춘다.

得水爲上藏風次之(득수위상장풍차지)

물을 얻어 기를 머물게 하고 바람을 가두어 안정을 이룬다.

水氣(수기) 生氣(생기) 。地氣上乘(지기상승)

수기가 있어야 기가 생기고 지기가 있어야 기가 상승한다.

千尺爲勢(천척위세) 。百尺爲形(백척위형)

천척으로 큰 세가 되고 백 척으로 혈을 짓는다.

欲進而却(욕진이각) 。欲止而深(욕지이심)

나아가고자 하면 솟아야 하고 멈추고자 하면 깊어야

무릇 음양의 기는 내 뿜으면 바람이 되고 오르면 구름이 되며 떨어지면 비가 되고 땅속을 돌아다니면 생기가 된다.

乘其所來(승기소래). 기가 오는 것을 타야 한다.

한다.

石山無土氣(석산무토기)이니 故不葬(고불장)이라.

석산에는 흙의 기운이 없으니 장사 불가라.

氣因形來(기인형래) 而斷山(이단산) 不可葬(불가장)이라.

기는 형세를 따라오니 단산에 불가장이라.

上地之山(상지지산) 若伏若運(약복약운) 其原自天(기원자천)이라.

좋은 땅은 엎드린 듯, 이어진 듯해야 하늘로부터 스스로 온 것이다.

若水之波若馬之馳(약수지파약마지치)

마치 물결과 같고 달리는 말과 같아야.

萬寶而燕息(만보이연식)이라.

제비가 만 가지 보물을 채워 놓고 쉬는 것과 같아라.

離伏獸蹲(리복수준)

.. 날 짐승이 웅크린 듯, 길짐승이 앉아 있는 듯해야.

尊貴正坐(존귀정좌)

.. 황제가 앉아있는 듯 만해라.

青龍完然(청룡완연). 白虎蹲踞(백호준거). 玄武垂頭(현무수두). 朱雀翔舞(주작상무) 하라. 청룡은 완연하게 감싸며 백호는 자연스럽게 앉으며 현무는 고개를 숙여 포웅하 듯, 주작은 날개를 펴고 무두를 감싸 앉은 듯, 춤추는 듯만 하라.

澤於臧衰(택어장쇠) ‥ 연못처럼 갇힌 물이 되면 쇠 하게 된다.

流於囚謝(류어수사)라. 물은 옷깃으로 막은 듯 빠져나가야 기가 상생한다.

前潤後(전윤후) 岡龍首之藏(강용수지장)

鼻吉額 大脣亡(비길상대순망) 이라.
산이 바쳐주어야용이 머리를 감 출수 있다는 것.
명당 앞에 윤택한 작은 봉이 서 있어야 뒤에는 큰 산이 바쳐주어야용이 머리를 감 출수 있다는 것.
용의 머리에는 콧등은 길하고 이마는 대길하고 입술은 망 한다.

龍臍先富後貴(용제선부후귀) ‥ 용 은 배꼽(움푹들어간곳)이 혈 인데 그곳에 장 사 지내야 선부 후길하다. 장법에 따라 공후 이 냐 종 이냐로 갈린다.

耳角之辨(이각지변)은 百尺之山(백척지산)에 十尺相邇(십척상이) 용의 귀와 뿔을 구분 하기란 백척의 산에서 열척 정도를 구분해 내는 정도의 어려움이 있다.

以坎爲首(이감위수)에 甲角辰耳(갑각진이)라.

감(坎)으로써 머리로 삼았을때 甲(方)은 뿔이 되고 辰(方)은 귀가 된다.

八山對求(팔산대구)에 乾角在癸(건각재계)요 龍目(용목)은 宛然直離(완연직리)之申(지신)이라. 팔산에서 짝을 구함에 있어서 乾山의 뿔은 癸에 있고 눈은 완연히 離山의 申에 있다.

兌坎爲鼻(태감위비) 艮坎爲脣(간감위순) 이라.

태산에서는 감으로써 코를 삼고 간산에서는 감으로써 입술을 삼는다.

龍穴(용혈)이 입술에 닿으면 자손이 없어지고 배꼽에 있으면 만사가 뜻대로 될 것이오. 눈에 있으면 화가 빨리 닥쳐 올 것이오.

乘金相水(승금상수) 穴土印木(혈토인목)이라.

승금으로 장사 지내면 水로써 相을 하고 혈이 土이면 木으로 印 해야 한다.

外藏八風(외장팔풍) 內秘五行(내비오행)이라.

밖으로는 여덟 개의 풍을 막아 장하고 안으로는 오행

예를 들면.

꼬리에 있으면 후손이 흩어질 것이오.
이마에 있으면 부귀가 흥왕할 것이오.
배에 있으면 珠珍이 눈에 가득 할 것이오.
뿔에 있으면 인물이 사라질 것이오.
귀에 있으면 天子를 在命 할 것이오.
허리에 있으면 재물과 사람이 흩어질 것이오.
발에 있으면 빈천이 碌碌 할 것이오.
코에 있으면 이름이 높을 것이오.
腸에 있으면 반드시 재앙을 만날 것이다.

의 비술을 사용해야 한다.

牛富鳳貴(우부봉귀)라. 소는 富하고 鳳은 귀다.

形如覆釜(형여복부) 孫滅子死(손멸자사) 안산이 엎어진 솥과 같으면 자손이 죽는다.

形如覆舟(형여복주) 女病男囚(여병남수) 형체가 뒤집힌 배와 같으면 여자는 병들고 남자는 옥에 간힌다.

形如覆釜(형여복부) 其頂可當(기전가당) 이라. 형이 열려진 가마솥과 같으면 정상에 장사 지냄이 가당하리라.

形如燕巢(형여연소) 昨土分(작토분) 이라. 제비집 같은 데를 찾아 쓰면 식솔이 늘어난다.

萬馬自天(만마자천) 其葬王者(기장왕자) 만마가 하늘에서 내려오는 듯한 자리를 잡으면 왕이 들어갈 만한 곳이라.

浪重嶺嶂(랑중령장) 千乘之葬(천승지장)이라.

파도처럼 밀려오는 산들이 있으면 천년도 간다.

第二章

一、 窩鉗乳突의 四象과 形體圖 七十四 論

와겸유돌의 4상(四象)을 풍수에서는 대표적으로 꼽는다. 모든 혈의 자리는 이 4상으로 맺어진다. 이것은 음양설의 소위 태극양의의 사상에서 취한 것으로 태극은 즉 승생기(乘生氣)의 생기 양의는 양래음수 음래양수의 음양이며 이를 형태로 나타내면 사상을 태양소양 태음소음이며 이를 형태로 보면 와겸유돌(窩鉗乳突)이기 때문에 풍수의 생기에 근거하여 음양으로 발하며, 그 형태로 구현되는 혈형은 바로 이 사상의 형태인 와겸유돌 이외에는 없다고 하는 것이다.

二、窩象

窩(와)는 太陽金星體(태양금성체)라 한다. 主峯(주봉)도 둥글고 穴場(혈장)도 둥근 圓形(원형)으로 되어 있다.

三、鉗象

鉗(겸)은 上(상)에 圖(도)와 같이 主峯(주봉)도 모나고 穴場(혈장)도 方形(방형)으로 되었는데 이것은 少陽土星體(소양토성체)이다.

四、乳象

乳(유)는 少陰火星體(소음화성체)로서 如錐末者(여추말자)는 火星(화성)인데 主峰(주봉)도 尖(첨)하며 穴場(혈장)도 젖꼭지와 같다.

五、突象

主峯(주봉)도 突(돌)하고 穴場(혈장)은 蛇頭形(사두형)으로 되어있다. 이것은 太陰水星體(태음수성체)로서 主山來龍(주산래용)이 貫珠形(관주형)이다.

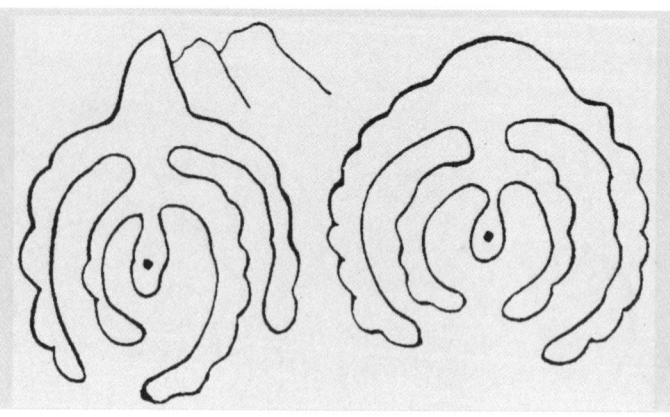

金體(금체) 主峰(주봉)도 圓(원)하고 穴場(혈장)도 圓(원)하다.

木體(목체) 主峯(주봉) 絶尖穴場(절첨혈장)의 葉形(엽형)이다.

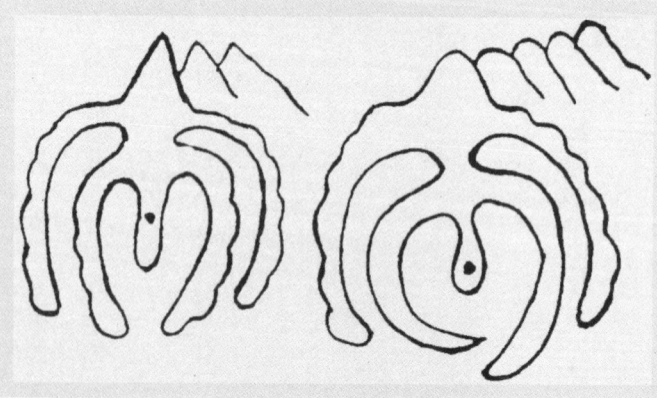

水體(수체) 主山(주산)이 貫珠穴場(관주혈장)인 突形(돌형)이다.

火體(화체) 主山(주산)은 錐末穴場(추말혈장)의 乳形(유형)이다.

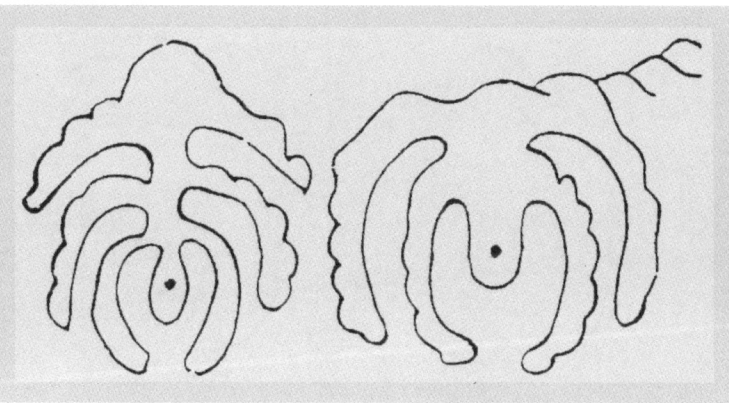

土體(토체) 主山(주산)은 平方(평방)이요 穴場(혈장)은 角方(각방)이다.

直來正 座龍 좌용

左旋倒 (좌선도) 座龍 좌용

右旋倒 (우선도) 座龍 좌용

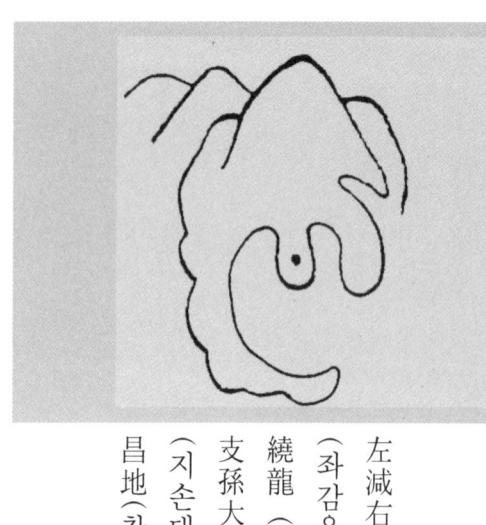

回龍顧
(회용고)

祖形 (조형)

左減右
(좌감우)

繞龍 (요용)

支孫大
(지손대)

昌地 (창지)

右減左
(우감좌)

繞龍 (요용)

長孫大
(장손대)

發地 (발지)

來八去
(래팔거)

八龍支
(팔용)

長孫支
(장손지)

孫俱發地
(손구발지)

飛鳳歸
(비봉귀)
巢形(소형)

飛禽類
(비금류)
難見鶴
(난견학)
飛登空
(비등공)
形竹實案
(형죽실안)

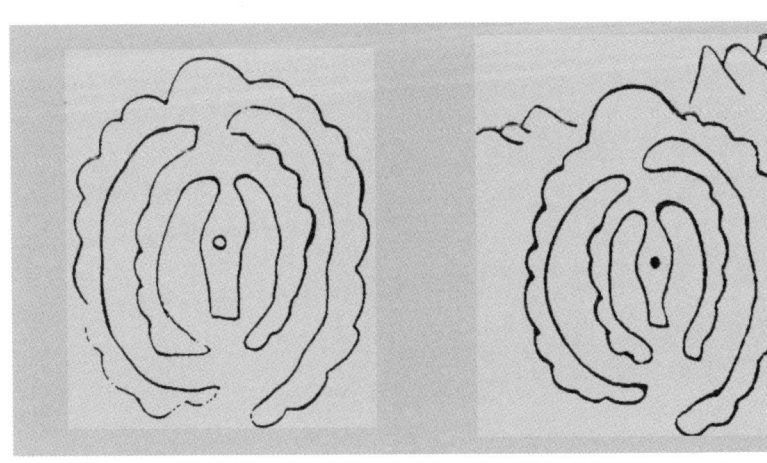

青鶴抱
(청학포)
卵形(란형)
竹實案
(죽실안)

飛鳥抱
(비조포)
卵形(란형)

寒雁北
飛形
(한안북
비형)

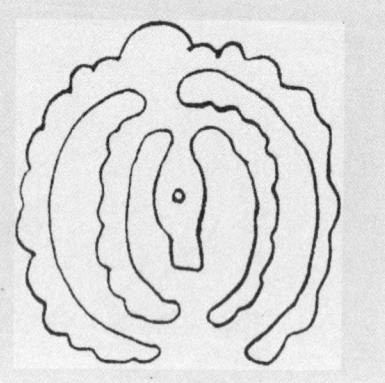

金鷄抱
卵形
(금계포
란형)

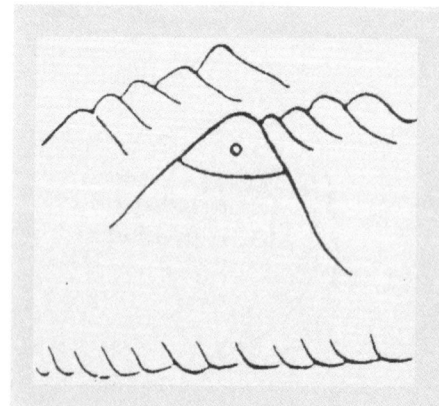

燕巢形
(연소형)

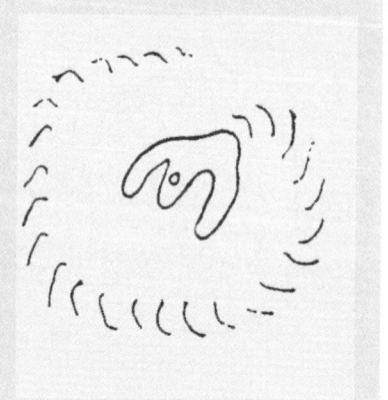

平沙落
雁形
(평사락
안형)

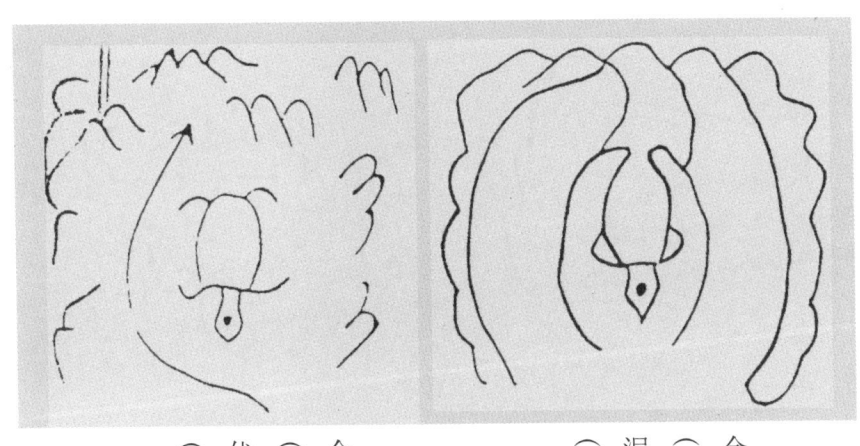

金龜沒
(금구몰)
泥形
(니형)

金龜出
(금구출)
伏形
(복형)

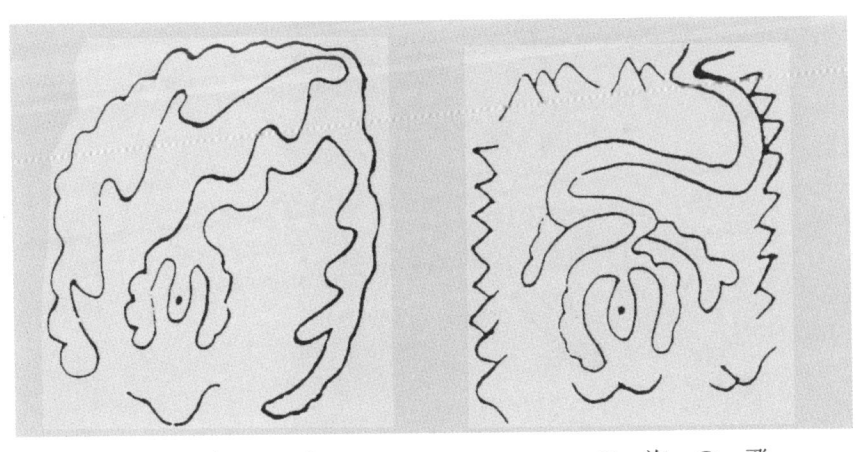

飛龍望
(비용망)
海形
(해형)

夷龍弄
(이용농)
珠形
(주형)

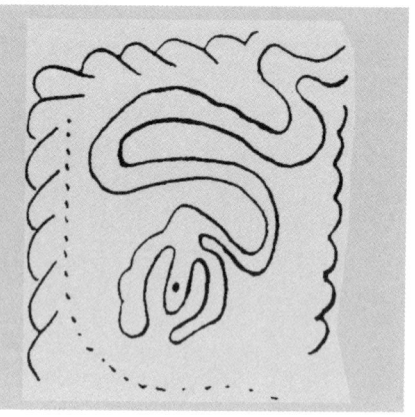

黃龍渡
(황용도)
江形
(강형)

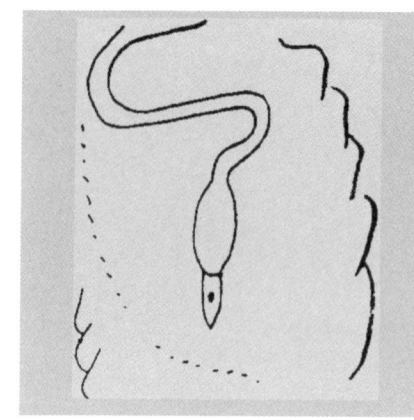

草蛇廳
(초사청)
蛙形
와형
以舌廳聲
(이설청성)

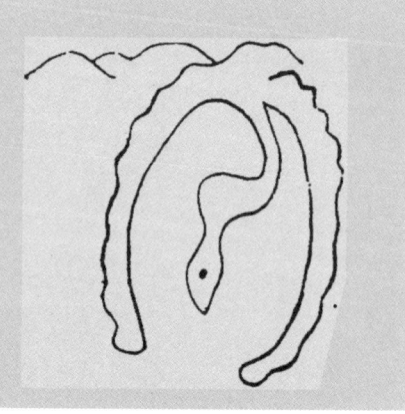

老鼠下
(노서하)
田形
(전형)

猛猫弄
(맹묘농)
鼠形
(서형)

飛天蜈
(비천오)
蚣形
(공형)

蜂房形
(봉방형)

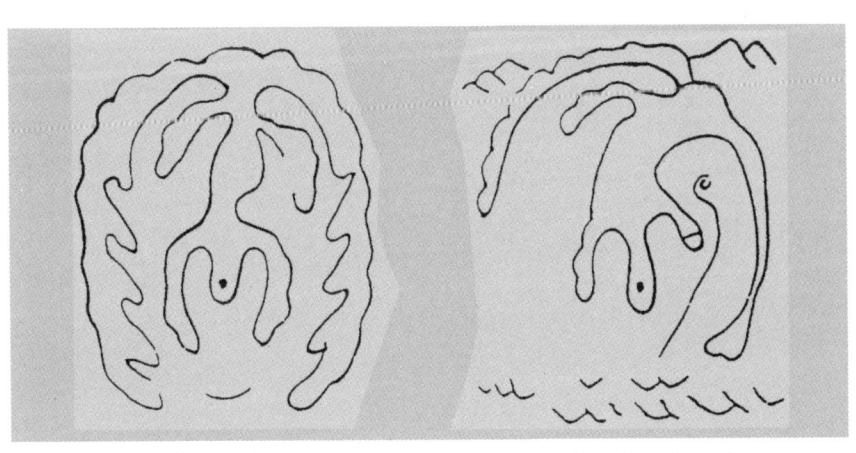

伏狗形
(복구형)
穴在二處
(혈재이처)

九狗同
(구구동)
食形
(식형)

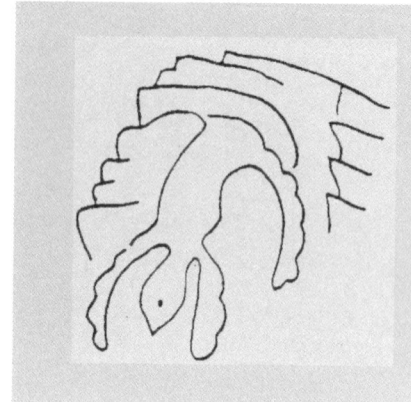
猛虎出林形
(맹호출림형)

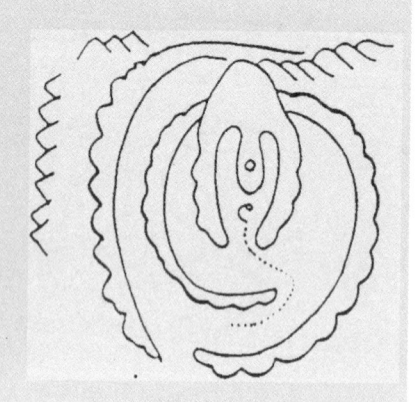
玉女織錦形
(옥녀직금형)

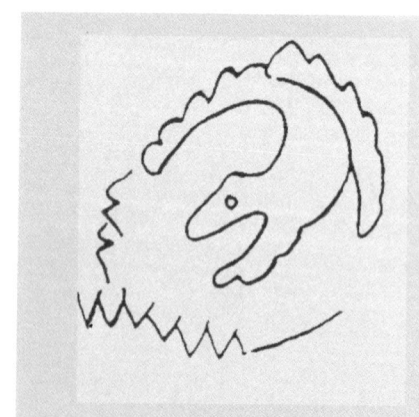
躍馬赴敵形
(약마부적형)

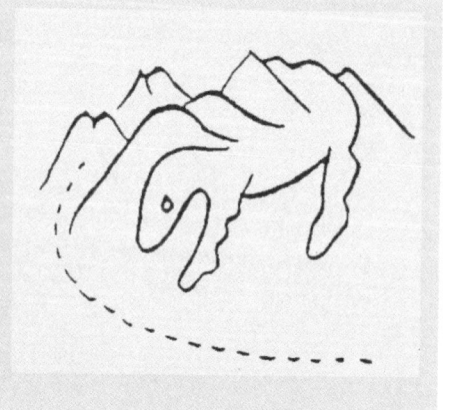
渴馬飮水形
(갈마음수형)

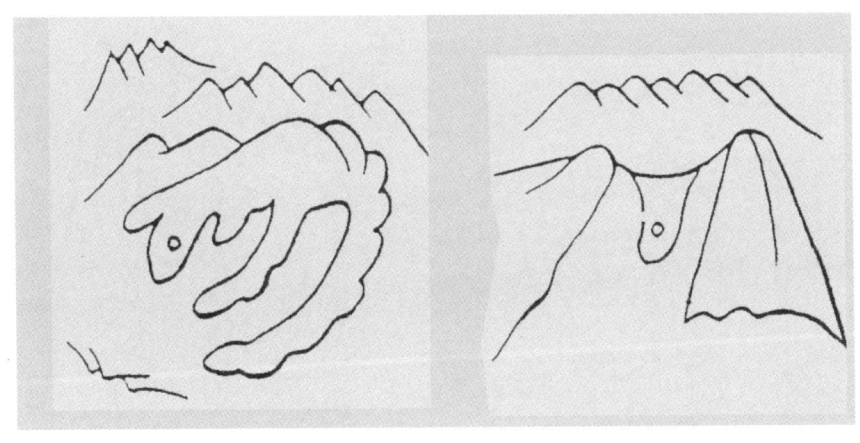

走馬脫
(주마탈)
鞍形
(안형)

玉兎望
(옥토망)
月形
(월형)

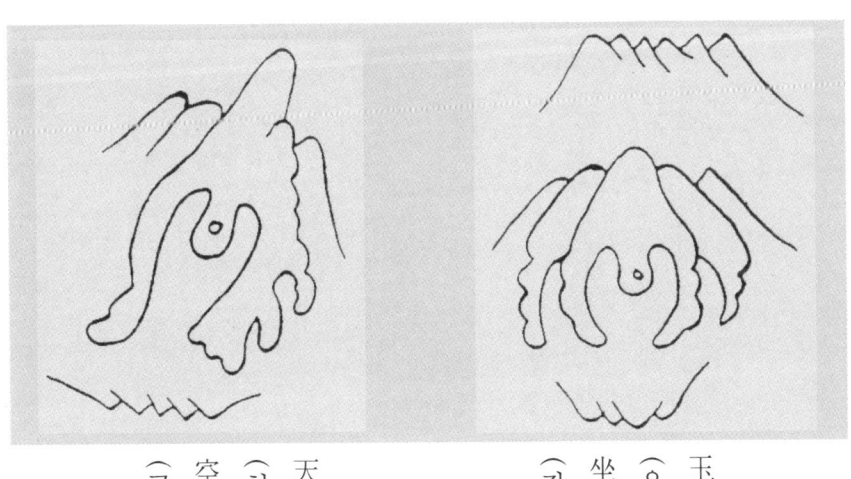

玉女端
(옥녀단)
坐形
(좌형)

天女登
(천녀등)
空形
(공형)

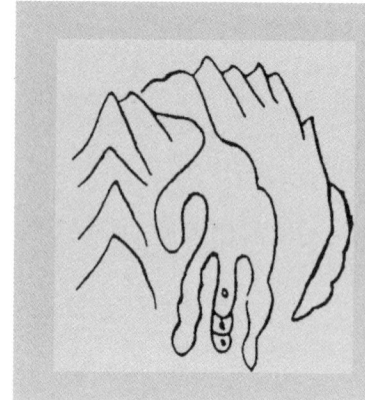

天馬騰
(천마등)
空形
(공형)

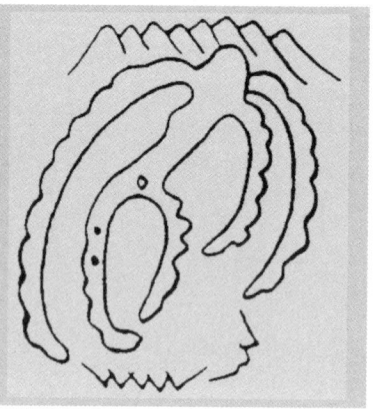

玉女側臥
(옥녀측와)
擊鼓形
(격고형)

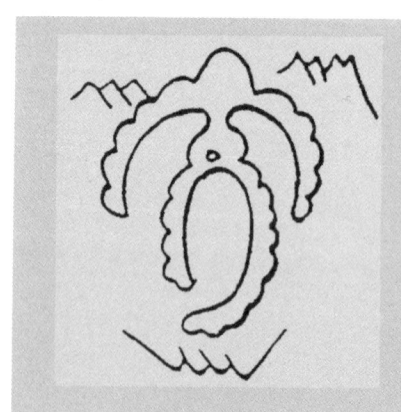

玉女蛤
(옥녀합)
開形
(개형)

금비내
落地形
(낙지형)

玉女散
(옥녀산)
髮形
(발형)

牧丹半
(목단반)
開形
(개형)

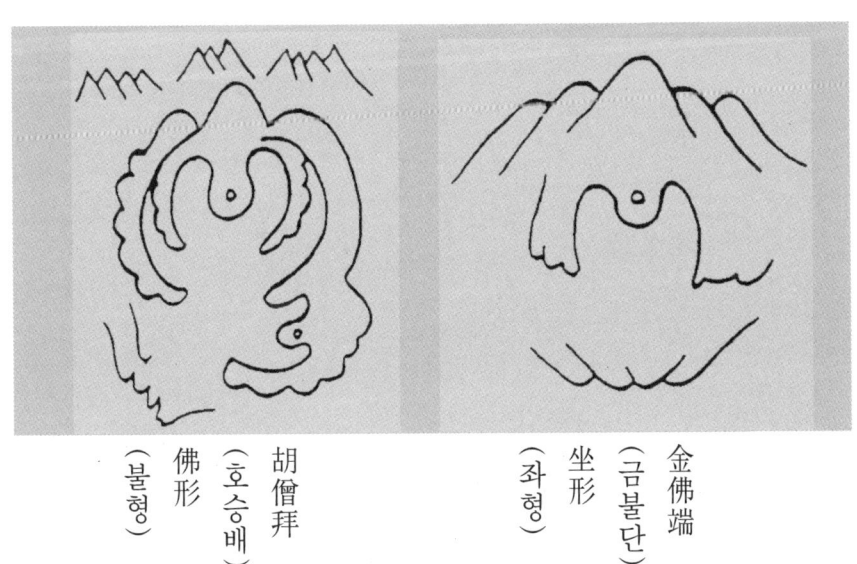

金佛端
(금불단)
坐形
(좌형)

胡僧拜
(호승배)
佛形
(불형)

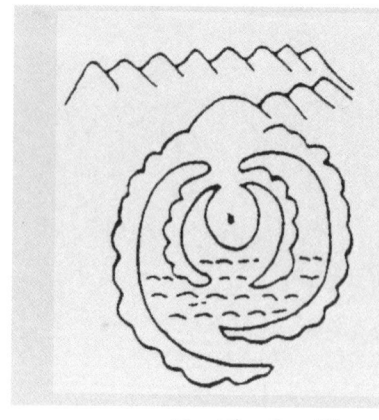

蓮花
浮水形
(연화
부수형)

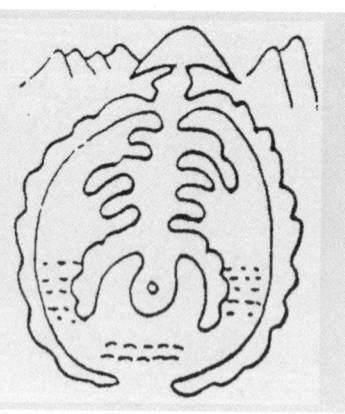

行丹形
(행단형)

仙人望
月形
(선인망
월형)

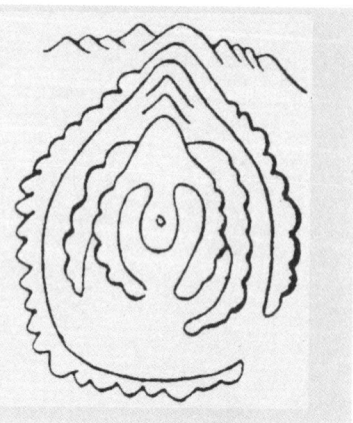

將軍
大坐
(장군
대좌)

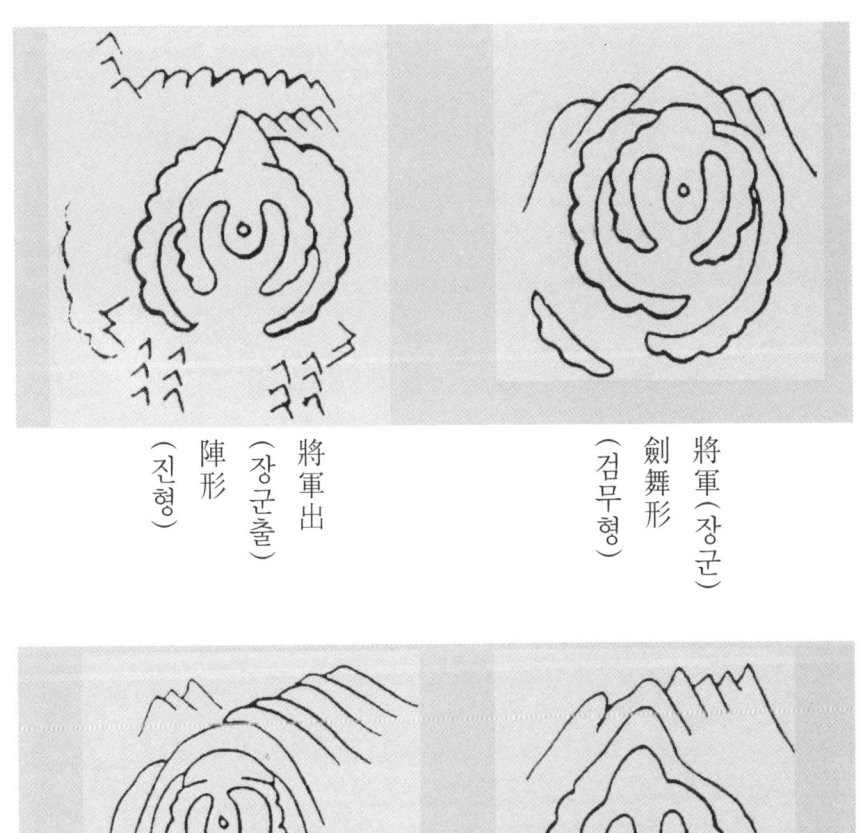

將軍(장군)
劍舞形
(검무형)

將軍出(장군출)
陣形
(진형)

龍馬負(용마부)
圖形
(도형)

鎭岑臥(진잠와)
牛形
(우형)

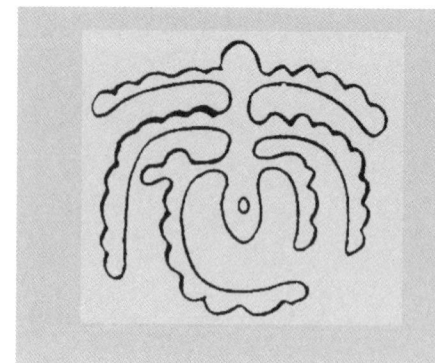

土也字形
(토야자형)

也字形
(야자형)

上帝奉
(상제봉)
朝形
(조형)

仙人聚
(선인취)
會形
(회형)

仙人舞
(선인무)
袖型
(수형)

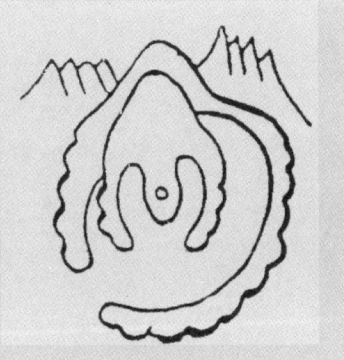

仙人讀
(서인독)
書形
(서형)

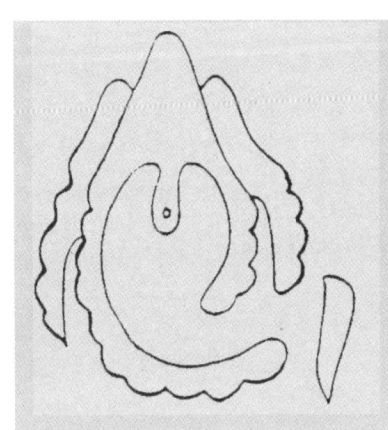

魚翁水
(어옹수)
釣形
(조형)

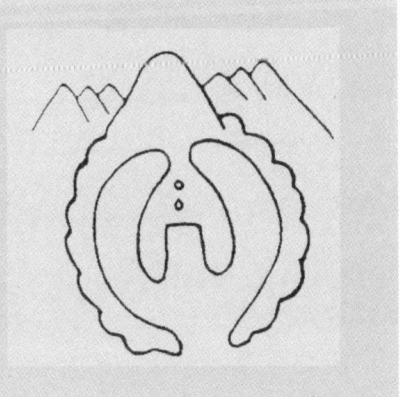

玉帶形
(옥대형)

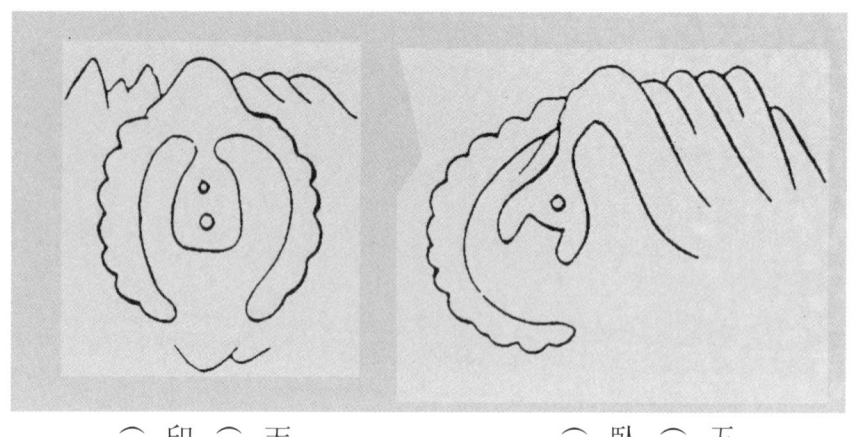

五峰山(오봉산)
臥牛形(와우형)

天帝玉(천제옥)
印形(인형)

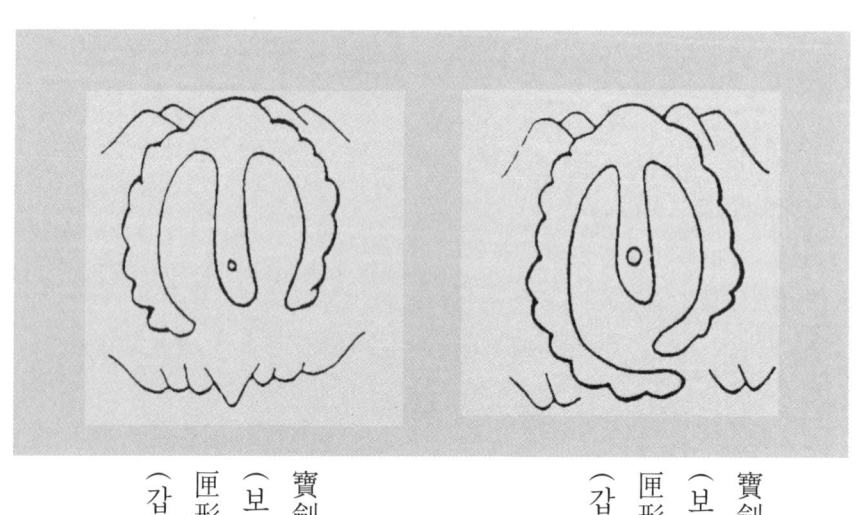

寶劍藏(보검장)
匣形(갑형)

寶劍出(보검출)
匣形(갑형)

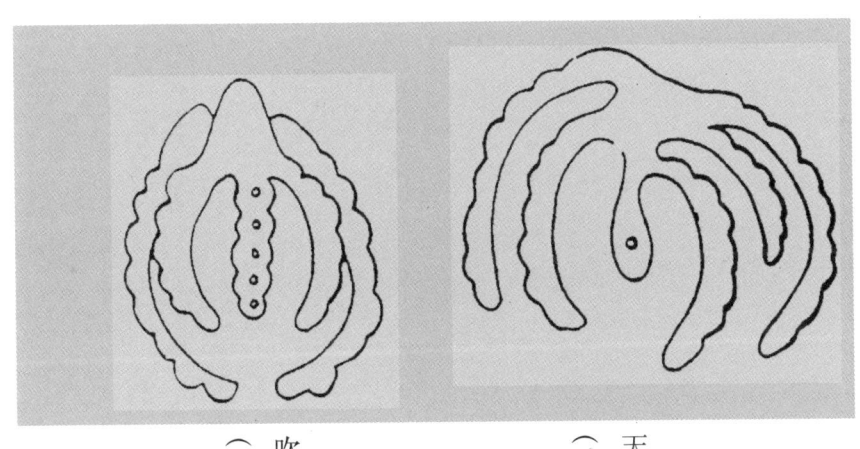

吹笛形　　天字形
(취적형)　(천자형)

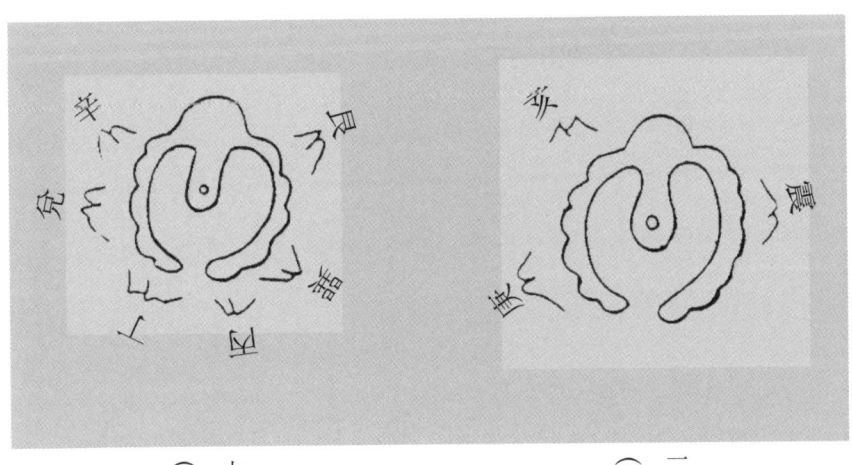

六秀峰　　三吉峰
(육수봉)　(삼길봉)

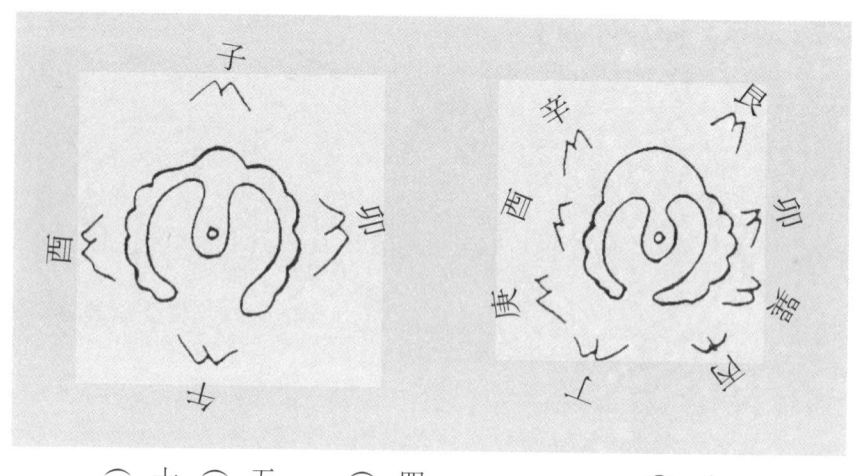

八將星峰
(팔장성봉)

四正峰
(사정봉)

五氣照元
(오기조원)
大聖出地
(대성출지)

모쪼록 끝까지 읽어 주신 분들께 진심으로 감사의 말씀드리며 부디 風水地理를 연구하는 분들의 이정표가 되기를 바란다.

檀紀 四三三三四年 十月 二十三日 甲辰日

西紀 二○○一年 十二月 七日

수정본 二○○四年 九月

門無仙師 拜上

대천명 3권
인 쇄 : 2001년 12월 7일
초 판 : 2001년 12월 7일
재 판 : 2005년 3월 (개정판)

지은이 : 문무선사 (풍수지리문화원장)
연락처 : (02) 516-6378~9
팩 스 : (02) 516-4876

펴낸이 : 김영조
펴낸곳 : 도서출판 삼천
　　　　 서울시 강남구 삼성1동 77-1 원방빌딩 202호
　　　　　　 TEL : 02) 516-4875 / FAX : 02) 516-4876
Home page : http://www.pungsudoin.com

등록번호 : 제 8-215호
가 격 : 20,000원

ISBN : 89-950632-3-8
ISBN : 89-950632-0-3 (세트)

※ 잘못된 책은 교환해 드립니다. 이 책을 무단복사,
　 복제, 전재하는 것은 저작권법에 저촉됩니다.